JOHANNES PAUL II
WANDERER ZWISCHEN DEN WELTEN

KREWERTH

JOHANNES PAUL II WANDERER ZWISCHEN DEN WELTEN

PATTLOCH

INHALT

Immer wieder in die Heimat

Schon die zweite Auslandsreise nach seiner Wahl führte Johannes Paul II. im Juni 1979 nach Polen. Bis 1991 folgten vier weitere Besuche in seinem Heimatland. Die Begeisterung der Landsleute kannte keine Grenzen. Sie lebten unter oftmals unwürdigen materiellen Umständen. Für viele war noch schlimmer, daß – bei aller Macht der polnischen Kirche – ihr religiöses Leben von den kommunistischen Machthabern behindert wurde. Wer sich zum Glauben bekannte, hatte mit beruflich-gesellschaftlichen Schwierigkeiten zu kämpfen. Der Papst machte kein Hehl daraus, daß er mit seinen Besuchen nicht nur pastorale Intentionen verband, sondern auch Politik machen wollte. So traf er 1987, in aller Öffentlichkeit, zum wiederholten Male mit Lech Walesa zusammen, dem ehemaligen Idol großer demokratischer Kreise vor allem in der Arbeiterschaft (Seite 79). Auf seiner fünften Polenreise besuchte Karol Wojtyla u. a. seinen Geburtsort Wadowice und nahm am 6. Katholischen Weltjugendtag in Tschenstochau teil, dem meistbesuchten Wallfahrtsort des Landes

Die Städte Metz, Nancy und Straßburg waren im Oktober 1988 Ziel einer Papstreise, der vierten nach Frankreich. Zuvor hatte Johannes Paul II. 1980, 1983 (Lourdes) und 1986 (Taizé) das Land besucht. Das Bild eines tiefgläubigen, in Gebet und Andacht versunkenen Mannes entstand in der gotischen Kathedrale von Metz, der Hauptstadt des Departements Moselle und der Region Lothringen

Vorwort

Kein Mann nur für ein einzelnes Jahr

Der »Papst aus einem fernen Land«, Johannes Paul II., hat wie kaum einer seiner Vorgänger Millionen Menschen in aller Welt mobilisiert, aber auch die Meinungen polarisiert. Dieses Buch unternimmt den Versuch der Würdigung eines beispiellosen Lebenswegs und eines ebenso ungewöhnlichen Lebenswerks.

Um die Jahreswende 1994/95 gerät Papst Johannes Paul II. ungewöhnlich oft in die Schlagzeilen der Weltpresse und die Top-Nachrichten zahlloser Rundfunk- und Fernsehstationen. Bei einer Führungspersönlichkeit mit derart hohem Bekanntheitsgrad muß das zunächst nicht überraschen, und ist dieser Mann als »Reise- und Medienpapst« nicht schon zu Lebzeiten Legende? In die Geschichte eingegangen als erster Nachfolger Petri, der seinen Schreibtisch in Rom nicht als wichtigsten Platz ansieht? Der immer wieder aufbricht aus dem wohlbehüteten, hierarchisch geordneten Vatikan, um die Botschaft des Evangeliums, die Lehren seiner Kirche bis an die Grenzen der Erde zu tragen? Der bis dahin rund eine Million Flugkilometer zurückgelegt und auf mehr als sechzig Reisen an die hundertmal den Boden fremder Länder geküßt hat – höchst telegen, so daß diese Geste, dieses Ritual selbst Naturvölkern an den fernsten Rändern der Zivilisation nicht mehr fremd ist?

Was wenige Monate vor dem 75. Geburtstag des Papstes so überrascht, ist die Gegensätzlichkeit der Schlagzeilen und Top-Nachrichten. Mal wird er, nicht selten mit verhaltener Häme, meist mit arroganter Augurenpose, zum todgeweihten Greis erklärt – und dies ganz vorwiegend in Westeuropa –, dann wieder wird er als zwar geschwächt, im übrigen aber gesund bezeichnet. Und zwischen diesen Polen wuchern wilde Gerüchte über vorzeitige Abdankung und Spekulationen über mögliche Nachfolger aus Frankreich, Belgien, Italien, Afrika und sogar den USA.

Im Nachrichtenmagazin DER SPIEGEL, in der Welt gern als »die« kritische deutsche Stimme zitiert, erscheint das Ergebnis einer demoskopischen Erhebung, wonach 60 Prozent der Katholiken im frisch vereinigten Land glauben, der Papst füge ihrer Kirche Schaden zu. (Wenig später wird SPIEGEL-Herausgeber Rudolf Augstein, einst schmachtvoll gescheitert mit einer Jesus-Biographie, der »Wojtyla-Kirche ... eine Zukunft ohne Hoffnung« prophezeien; eine kirchenkritische, von Intellektuellen gern zitierte »Korrespondenz« wird »die katholische Kirche und ihr Oberhaupt in der Rolle der ›mater et magistra‹ für die heutige Welt (als) überfordert« bezeichnen).

Etwa zur gleichen Zeit strömen in Manila rund vier Millionen Menschen zusammen, um mit dem Papst die Messe zu feiern. Hier und dort, in Ost und West, erscheinen – fünf Jahre nach dem Niedergang des Ostblocks – kluge Kommentare zur historischen Rolle, die Johannes Paul II. in den achtziger Jahren nicht nur in seinem Heimatland Polen gespielt hat; ein Text von Michail Gorbatschow gibt in diesem Buch nähere Auskunft. Ebenfalls zur Jahreswende 1994/95 – auch das in diesem Buch nachzulesen – würdigt der in Israel geborene, in Deutschland lebende Historiker Michael Wolffsohn den geschichtsträchtigen Versuch eines Brückenbaus zu den Juden und zur jüdischen Religion, den der Pole Karol Wojtyla, einem nicht immer philosemitischen Volk entstammend, gleich mehrmals und recht spektakulär unternommen hat.

Die größte Überraschung am Beginn der letzten fünf Jahre unseres Jahrtausends kommt aus New York – die Nachricht nämlich, daß das angesehene Magazin TIME den Papst zum »Mann des Jahres« 1994 gekürt und ihm gar, weltweit an den Kiosken zu sehen, ein freskenartiges, höchst eindrucksvolles Titelbild gewidmet hat. Die Kritiker der katholischen Kirche und ihres Oberhaupts sind verblüfft; sie geraten stotternd in Argumentationsnot – und sind wiederum vorwiegend in Westeuropa zu finden.

In der Tat haben sie es nicht leicht, gegen die Begründung der TIME-Redaktion für die Wahl des Papstes anzuschreiben: »In einer Zeit moralischen Verfalls, ja des moralischen Chaos ist Johannes Paul II. fest überzeugt von seinen Idealen und bemüht sich, sie auf eine Welt zu übertragen, die häufig im Streit mit ihm liegt.« Er wolle, so heißt es, den Weg ebnen für eine Welt, die – mit ganz anderen Vorstellungen – ihren eigenen Weg suche.

TIME-Chefredakteur James R. Gaines ist überzeugt: »Die Welt braucht die stabilisierenden Elemente und traditionellen Werte, die der Papst verkörpert.« Selbst sehr freizügige westliche Blätter, in Wort und Bild von den päpstlichen Idealen und Lehren weit entfernt, fallen vor Staunen in diese überraschende Tonart ein. Sie fragen, warum »er immer noch die letzte moralische Instanz« sei, machen ihn gar »an der Schwelle vom Leben zum Tod... zum König der Welt« und zitieren ihn: »Gedenket all jener Zeiten, da der Mensch sich abgewandt hat von der Lehre und dem Geist Gottes.« In Zeitschriften, deren Leser es ansonsten gewohnt sind, aus dem atemlosen Leben der Schönen und der Reichen dieser Erde die neuesten Aufgeregtheiten zu erfahren, müssen Sätze wie dieser als Keulenschläge wirken: »Ich stelle mich ohne Zögern an die Seite der Armen, der Unterdrückten, der Malträtierten, der Wehrlosen.« Sogar der Wahlspruch des Papstes schmückt plötzlich die bunten Blätter: »Totus Tuus, Maria, ganz Dein, Maria.«

Paul Johnson, englischer Historiker und Bestsellerautor (»Moderne Zeiten«, 1992, und »Geschichte des Christentums«, 1983) begegnet dem Phänomen Johannes Paul II. in einem Essay für TIME auf weniger emphatische, klug analysierende Weise; auch sein Text ist in diesem Buch abgedruckt. Johnson vergleicht zwei wichtige Päpste dieses Jahrhunderts, Karol Wojtyla und Angelo Roncalli. Neben erstaunlichen Gemeinsamkeiten arbeitet er markante Unterschiede heraus. Nicht von ungefähr lautet seine Überschrift: »Papst für das Heim, Papst für den Streit«. Beiden Männern aber, dem aus Bergamo in Italien wie dem aus Krakau in Polen, bescheinigt er historische Bedeutung: »Die enormen Veränderungen, die in den vergangenen 36 Jahren über den Katholizismus hinweggefegt sind, können nicht ohne Verständnis der Charaktere, der Glaubensüberzeugungen und der Arbeit dieser beiden Männer begriffen werden... Beide Männer werden von der Geschichte als große Päpste betrachtet werden.«

Paul Johnson rühmt an den Titelfiguren seines klugen Essays deren Verbundenheit mit der jeweiligen Heimat; sie hätten »den modernen Nationalismus abgelehnt und neigten vielmehr dazu, Europa als Verschmelzung historischer Regionen zu sehen: als einen Mikrokosmos einer Welt von Völkern und nicht von Nationen.« Für den Reisepapst Johannes Paul II. kann hinzugefügt werden, daß er dieses Verständnis von friedlichem Zusammenleben der Völker und Rassen, der Stände und Staaten, der Regionen und Religionen weit über Europa hinaus auf die ganze Welt auszudehnen versucht hat.

Noch etwas fällt auf im Essay von Paul Johnson. Der englische Publizist sieht sowohl Johannes XXIII. wie Johannes Paul II. als »religiöse Traditionalisten«. Nur bei oberflächlicher Betrachtung des Lebenswerks dieser Kirchenführer – der eine hat das II. Vaticanum einberufen, der andere hat es in vielerlei Hinsicht zäh fortgeführt, beide mitsammen haben für aufsehenerregende Reformationen gesorgt – lassen sich ernsthaft Widersprüche konstruieren.

Kritiker belegen den Papst oft mit dem Adjektiv »stur«. Wer diese vier Buchstaben positiv liest, wird sie mit standfest übersetzen. In unserer Zeit, in der so viele ihr Mäntelchen nach dem Wind hängen, sieht es Johannes Paul II. als seine Aufgabe an, die katholische Kirche stur über die Schwelle des Jahres 2000 zu führen. Dieses Buch, zusammengetragen mit der Hilfe vieler Freunde aus Europa und Übersee, ist eine Hommage an den sturen Stellvertreter.

Rainer A. Krewerth, Herausgeber

Karol Wojtyla kommt am 18. Mai 1920 in Wadowice am Fuße der Beskiden zur Welt. Seine Mutter Emilia, geborene Kaczorowska, ist litauischer Abstammung. Sie stirbt, als der Junge, der hier so hellwach und neugierig in die Kamera schaut, gerade neun Jahre alt geworden ist. Der kleine »Lolek« braucht lange Zeit, mit diesem schweren Schlag fertigzuwerden

Rainer A. Krewerth

Aus dem fernen Wadowice: Wer ist Karol Wojtyla?

Am 18. Mai 1920 wird in dem polnischen Städtchen Wadowice ein Junge namens Karol Wojtyla geboren, am 16. Oktober 1976 wird er in Rom zum Papst gewählt. Ein Pole auf dem Stuhl Petri? Zum erstenmal nach 455 Jahren ein Nicht-Italiener? Im »Jahr der drei Päpste« lässt das historische Ereignis die Welt aufhorchen. Sie fragt: Wer ist dieser Mann? Wer ist Johannes Paul II.? Der Lebensweg einer grossen Persönlichkeit.

Diesen milden Herbstabend des 16. Oktober 1978 werden auch die weltläufigen, sensationsgewohnten Römer nicht so rasch vergessen. Über der Riesenstadt am Tiber liegt wabernde Spannung. Drückende Alltagssorgen und die täglichen italienischen Katastrophen sind für kurze Zeit vergessen: die Schwindsucht der Lira-Währung, Korruption und Wohnungswucher, permanente Regierungskrisen, Terrormorde und Entführungen.

Es gibt an diesem Abend nur ein Thema: Wer wird der neue Papst sein? Die Spannung kommt nicht von ungefähr; für Rom, den Vatikan, die katholische Weltkirche ist dieses Jahr 1978 zu einem wahrhaft historischen Jahr geworden, zum »Jahr der drei Päpste«. Am 6. August ist in Castel Gandolfo, auf seinem Sommersitz am Albaner See, Giovanni Battista Montini gestorben, Papst Paul VI., mit 81 Jahren ein alter Mann. 15 Jahre, einen Monat und 16 Tage ist der scheinbar so unnahbare Italiener im hohen Amt gewesen – als Nachfolger seines Landsmanns Angelo Giuseppe Roncalli aus Bergamo, dem ob seiner herzerfrischenden, sehr direkten, schlichten Menschlichkeit die Herzen zugeflogen sind. Jenes Johannes XXIII., der mit dem II. Vatikanischen Konzil der Kirche und der Welt in zupackendem Optimismus ganz neue Horizonte aufgezeigt hat: »Der Heilige Geist wird schon sorgen …«

Am 28. August 1978 – höchstens 20 Tage darf es dauern, bis nach dem Tod eines Papstes ein neuer gewählt wird – hat die katholische Kirche wieder ein Oberhaupt, und wieder ist es ein Italiener. 111 Kardinäle haben im streng abgeschirmten Konklave den Handlangersohn Albino Luciani aus einem 1800-Seelen-Dorf in der Provinz Belluno zum 265. Nachfolger des hl. Petrus gewählt. Er ist 65 Jahre alt und hat, wie sein Bruder versichert, »ganz bestimmt nicht auf Papst studiert.« Ein bescheidener, fast verlegen lächelnder Mann, der da als Johannes Paul I. sein hohes Amt antritt.

33 Tage später ist Albino Luciani tot. Gestorben an Herzversagen, sagt das amtliche Bulletin. Gestorben an dem Schrecken über seine Wahl und aus Sorge, er könne versagen. So behaupten andere. Und manche, vor allem Gerüchtemacher in der bunten Klatschpresse, munkeln: »Das ist nicht mit rechten Dingen zugegangen.« Viele Römer flüstern sich zu: »Er ist ermordet worden.« Diesmal dauert es lange, bis die Welt über solch abstrusen Unsinn zur Tagesordnung übergeht. Wieder, zum zweitenmal in diesem denkwürdigen Jahr 1978, kommen aus aller Welt 111 Wahlkardinäle in der Sixtinischen Kapelle zusammen. Drei Tage lang sind die Papstwähler unter sich, hermetisch abgeschlossen von der Öffentlichkeit. Dann, um genau 18.18 Uhr am 16. Oktober, quillt weißer Rauch aus dem Schornstein über der Sixtina – das Konklave ist beendet. 25 Minuten später betritt Kardinaldiakon Pericle Felici die Mittelloggia von Sankt Peter. Der 67jährige, ein profunder Kenner der römischen Kurie, ist in den Tagen nach dem Tod Johannes Pauls I. vor allem von seinen italienischen Landsleuten zu den »Papabili« gerechnet worden, zu den einflußreichsten Favoriten für die Nachfolge des Albino Luciani.

Pericle Felici ruft fast 200 000 Menschen auf dem weiten Petersplatz zu: »Annuntio vobis gaudium magnum: Habemus papam!« Jeder versteht das traditionelle Latein dieser feststehenden Formel: »Ich habe euch eine große Freude zu verkünden: Wir haben einen Papst!« Felici fährt fort: »Den ganz ausgezeichneten und hochehrwürdigen Herrn Carolus, der Heiligen Römischen Kirche Kardinal Wojtyla.«

Als der Kardinaldiakon dies verkündet, gerät er leicht ins Stocken, so als könne er die Nachricht selbst noch nicht fassen. Also doch nicht! Also doch kein Italiener! Aber wer ist dieser Wojtyla? Die Römer rätseln verstört, und tags darauf wird es in der bekannten Zeitung ›La Repubblica‹ heißen: »Ein Name, der die Piazza einfrieren ließ«.

Es ist eine Sensation, die selbst Italiens pulsierende Hauptstadt den Atem anhalten läßt. Wer ist nur dieser fremde Mann? Ein Pole auf dem Stuhl Petri? Ein Fremder im Zentrum der katholischen Christenheit? Ein Slawe als Herr im Vatikan? Dem betroffenen Schweigen folgen erregte Diskussionen. Kenner der Kirchen- und Papstgeschichte rechnen nach, und bald macht die Runde, was sie herausgefunden haben. Zum erstenmal nach 455 Jahren ist ein Nicht-Italiener Papst geworden. Hadrian VI., ein gescheiterter Reformer aus der deutsch-niederländischen »Barbarei«, hat 1523 das Kapitel der Ausländer abgeschlossen; ihm sind in ununterbrochener Reihe 45 Italiener als Päpste gefolgt.

In das Schweigen und die Verwirrung am Abend des 16. Oktober 1978 – voll und rot steht der Mond über der Ewigen Stadt – gellen Jubelrufe polnischer Pilger. Sie weinen und lachen, fallen sich in die Arme und erklären den Menschen aus aller Welt, wer der hochehrwürdige Herr Carolus ist: Karol Wojtyla nämlich aus Krakau, geboren in Wadowice am Fuße der Beskiden, plötzlich und ganz unerwartet aufgestiegen zur höchsten Macht und zum schwersten Amt im Vatikan. Aber wer ist dieser Wojtyla?

Als Pontifikatsnamen wählt er, Pericle Felici ruft es in die Menge auf dem Petersplatz, Johannes Paul II. So will er heißen, Johannes wie schon der XXIII., der Roncalli-Papst, und Paul wie sein oft verkannter Vorvorgänger. Und seinem unmittelbaren Vorgänger Johannes Paul möchte er als Johannes Paul II. eine besondere Ehre und ein würdiges Gedächtnis schenken. Ganz besonders in Rom und in Italien wird diese noble Geste dankbar aufgenommen. Die Enttäuschung beginnt zu weichen. Als der neue Papst und Bischof von Rom die Römer in ihrer Muttersprache begrüßt, ist der Bann endgültig gebrochen. Die Stadt und die Menschen auf der weiten Piazza jubeln, als er von der ängstlichen Beklemmung spricht, mit der er sein Amt übernommen habe.

Es ist viel über Kindheit und Jugend des Karol Wojtyla geschrieben worden; viel Spekulatives, viel Ausschmückendes und viel Falsches. Beschränken wir uns auf das Wesentliche. Sicher ist, daß sein Leben von Anbeginn engstens verknüpft ist mit den großen Umwälzungen und Katastrophen, die ganz Europa im 20. Jahrhundert erschüttern.

Kindheit und Jugend in Polen

Karol Wojtyla kommt am 18. Mai 1920 in dem Beskidenstädtchen Wadowice nahe Krakau zur Welt. Er ist also Pole. Sein oftmals geteiltes Vaterland beginnt sich in dieser Zeit als selbständiger Staat mit parlamentarisch-demokratischer Verfassung und festen Grenzen zu konsolidieren. Doch der kleine Karol wächst in einer Umgebung auf, die immer noch stark von der österreichischen Monarchie geprägt ist. Mit dem Ende des Ersten Weltkrieges ist sie untergegangen; immerhin aber hat Krakau, und damit Wadowice, 70 Jahre lang zu Galizien und damit zur Wiener Machtsphäre gehört. Vater Wojtyla, ursprünglich Schneider, hat sich in der österreichischen Militärbürokratie zum Leutnant hochgedient und tritt später in die Armeedienste der jungen Republik. Als k. u. k.-Untertan hat der brave Soldat Wojtyla Deutsch gelernt; sein zweiter Sohn Karol, zärtlich Lolek gerufen, lernt zumindest die Grundzüge dieser fremden Sprache.

Lolek ist hineingeboren in eine Demokratie, doch die steht nur auf dem Papier. Denn die Innenpolitik des neuen Polen bleibt von Instabilität und militärisch-autoritärer Herrschaft bestimmt. Not diktiert den Alltag, die vier Wojtylas schlagen sich recht und schlecht durch; das Familienoberhaupt hat mit 40 Jahren und kärglicher Pension den Dienst quittiert.

Wadowice zählt um diese Zeit nicht einmal 10 000 Einwohner. Lolek und seine Familie – Vater Karol, Mutter

Karol Wojtyla wächst in einer engen Wohnung im Hause Kirchstraße 7 auf. Das Gotteshaus, in dem er ministriert, liegt ganz in der Nähe. Der Vater, ein frommer, sittenstrenger Mann, der im Ersten Weltkrieg Soldat war, achtet sorgsam auf die religiöse Erziehung seines Sohnes. Auf dem Klassenfoto von 1930 ist der zehnjährige Karol als zweiter von rechts in der zweiten Reihe von unten zu sehen

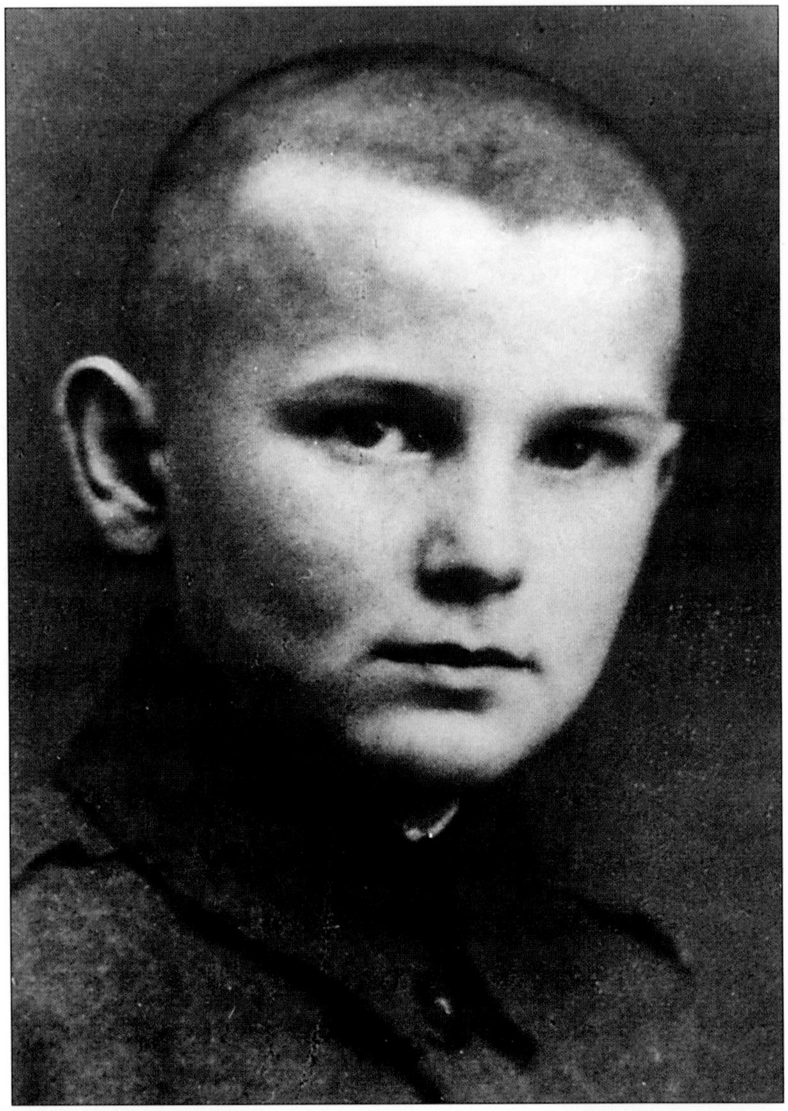

Die Gesichter des Seminaristen und späteren Priesters in den vierziger und fünfziger Jahren. Mitunter, etwa beim Wandern und Bergsteigen in der alpinen Tatra seiner heimatlichen Erzdiözese Krakau, scheint versonnene Heiterkeit auf. Doch meist ist der Ernst eines unverkennbar Berufenen vorherrschend – ob auf dem Seminarporträt, beim Paddeln auf der Drawa oder im Kreis der Diakone

Emilia, geborene Kaczorowska, und der 14 Jahre ältere Bruder Edmond – leben in einer Zwei-Zimmer-Wohnung mit kleiner Küche nahe der Marienkirche, in der der spätere Papst ministrieren wird. Korrektheit und Kirche, Kleinstadt und Kleinbürgertum, Frömmigkeit und Ergebenheit in Gottes Willen: das ist die Welt der vier Wojtylas. Die Mutter ist kränklich; ein Herzleiden macht ihr zu schaffen. Sie stirbt im Jahre 1929, ihr Lolek, ihr »Karlchen«, ist gerade neun Jahre alt.

Noch ein weiteres Mal, vier Jahre später, lernt Karol junior frühes Leid und bitteren Schmerz kennen. Sein Bruder Edmond – er ist sehr jung Arzt geworden – erliegt mit 26 Jahren dem Scharlach. Lolek ist nun mit dem Vater allein. Die beiden Karol – beide ernste, nachdenkliche, strebsame Menschen – haben ein gutes Verhältnis. Der Senior wird als streng, wiewohl gütig und absolut verläßlich beschrieben. Von ihm empfängt der Sohn auch die Gabe der Toleranz gegenüber Andersgläubigen – bei strenger Wahrung der eigenen Überzeugung. Zu seinen besten Freunden zählt er den Sohn des Vorstehers der jüdischen Kultusgemeinde von Wadowice; als Papst wird er ein halbes Jahrhundert später den Jugendfreund samt Familie im Vatikan empfangen.

Der Heranwachsende ist, trotz aller Disziplin, die ihn schon früh auszeichnet, alles andere als ein Strebertyp. Beim Fußball macht er den Torwart; es scheint, als entspräche dieser Posten seinem abwägenden Charakter. Er flirtet mit der Tochter des Gymnasialdirektors, liebt Ausflüge und Wanderungen und legt einen Katalog der Kunstschätze seiner Heimatstadt an – ein junger Mensch mit vielfältigen Neigungen und Fähigkeiten. Weggefährten seiner Jugend rühmen charakterliche Stärken. »Im Gymnasium«, erinnert sich 1978 eine Angestellte dieser Schule, »war er der Ehrlichste und Ordentlichste von allen.« Ein »ausgeprägter Gerechtigkeitssinn«, ohnehin eine polnische Tugend, wird ihm bescheinigt und jene späterhin als charismatisch gepriesene Fähigkeit, das Leid und die Schmerzen anderer einfühlsam mitzutragen. Unzweifelhaft sind die frühen Erfahrungen mit dem Tod in der eigenen Familie, neben dem Gebot christlicher Nächstenliebe, eine Wurzel dieses Charakterzugs. Karol Wojtyla wird niemals vergessen, wie wichtig die Wärme einer intakten Familie ist – und wie grausam deren Zerstörung sein kann.

Der frühe Ernst in einem ernsthaften Leben. Zbigniew Silkowski hat mit Karol Wojtyla die Schulbank des Gymnasiums gedrückt. 1978 sagt er: »Lolek war uns als Persönlichkeit allesamt überlegen. Wir haben ihn aber nicht beneidet, sondern wirklich geliebt. Wenn wir irgendwelche Streiche planten, sonderte er sich keineswegs ab. Man spürte aber, daß er sie mitnichten als wesentlich ansah. In Gedanken, scheint mir heute, war er immer woanders.« Die moderne Psychologie weiß längst, daß es geprägte Persönlichkeiten schon unter Kindern gibt, und vielleicht hat Mutter Emilia den Sohn so gesehen, als sie den vielfach kolportierten Satz prägte: »Mein Lolek, ihr werdet sehen, wird ein bedeutender Mann werden!«

Die Schule nimmt dieser Lolek im Handstreich; jedenfalls sieht es heute so aus. 1937 erhält er ein Zeugnis, worauf neunmal ein »bardzo dobry« prangt. Das heißt »sehr gut« und steht hinter den Fächern Führung, Religion, Polnisch, Latein, Griechisch, Deutsch, Mathematik, Philosophie und Sport. In Geschichte und Physik samt Chemie erreicht er immerhin ein »dobry«, ein »gut«. Und macht 1938 mit Auszeichnung sein Abitur.

Aus der Provinz in das alte Krakau

Das Jahr 1938 bedeutet einen tiefen Einschnitt in das Leben des jungen Abiturienten. Er verspürt den drin-

Karol Wojtyla war längst Theologieprofessor (1953, Lublin) und Weihbischof (1958, Krakau), als dieses Bild entstand. Der spätere Papst rasiert sich während einer Bergbesteigung im Jahre 1959. Einer seiner Begleiter hält die Situation im Foto fest. Er kann nicht ahnen, daß das Bild knapp 20 Jahre später um die Welt gehen wird. Dann nämlich, 1978, ist Karol Wojtyla aus Wadowice zum Papst gewählt worden; seine Konterfeis werden begehrte biographische Mosaiksteine

Kampf gegen eine Stadt ohne Kirche

Ende der vierziger Jahre planen die polnischen Kommunisten in der Nähe von Krakau die Reißbrettstadt Nowa Huta. Sie soll ein Musterfall sozialistischen Wohnens im Ostblock werden, ein glorreiches Beispiel dafür, wie Stahlarbeiter und Hüttenwerker in einer neuen Welt der Werktätigen leben können. Aber Nowa Huta soll eine »Stadt ohne Gott«, ohne christlichen Glauben, ohne Kirche, ohne Priester sein. Aus ganz Polen kommen die Arbeiter und ihre Familien, herbeigerufen nach der Laune der marxistisch-leninistischen Planer. Doch Mitte der fünfziger Jahre gehen die Arbeiter den Weg ohne Gott nicht mehr mit. Sie erklären der Administration den »heiligen Krieg«, richten – weithin sichtbar – ein Kreuz auf und fordern immer wieder eine Kirche. Im Mai 1977 tragen Hartnäckigkeit und Geduld ihre Früchte: Maria, die »Königin Polens«, wird Patronin des neuen Gotteshauses. Als Erzbischof und Kardinal von Krakau besucht Karol Wojtyla häufig die Arbeiter

genden Wunsch, polnische Philologie zu studieren, polnische Sprache und Literatur, Geschichte, Kultur, Philosophie. An Theologie, so scheint es, ist noch nicht gedacht. Den alternden Vater, der nicht wiedergeheiratet hat, mag Karol junior nicht alleinlassen. So ziehen Vater und Sohn gemeinsam in einen Vorort von Krakau, in eine düstere Souterrainwohnung, die in der Nachbarschaft »Katakombe« heißt. Lolek schreibt sich an der Jagiellonen-Universität in Krakau ein. Später wird man von der Kameradschaft, ja Freundschaft hören, die der junge und der alte Karol pflegen. Der Umzug nach Krakau, aus der Provinz in die geschichtsträchtige, lebhafte Großstadt, ist der eine tiefe Einschnitt dieses Jahres 1938, ein Schnitt, der das innere wie das äußere Leben des Abiturienten verändert.

Um diese Zeit setzt Hitlers schamlos rigide Expansionspolitik ein. Dem »Anschluß« Österreichs folgt die Zerschlagung der Tschechoslowakei. Europa zittert und kuscht vor dem »Führer« in Berlin; Kriegsangst geht um, auch in Polen. Ist das der Grund, weshalb sich der Student Wojtyla so intensiv in ein sehr national strukturiertes Studium stürzt und sogar – für Erstsemester eine Ausnahme – der »Gesellschaft für polnische Sprache« beitritt? Eine Art Trotzreaktion und geistige Waffe gegen den deutschen Diktator mit seinen Eroberungsgelüsten?

Bald gehört Lolek, wie der Vater und die Freunde ihn noch immer rufen, zur Elite der Jungakademiker in der Stadt. Er beteiligt sich an rhetorischen Übungen und Rezitations- sowie Literaturabenden, die in privaten Wohnungen abgehalten werden, und schreibt – wie schon in Wadowice – eigene Gedichte. In der »Theatergenossenschaft« tritt er als Schauspieler auf – und auch das ist nicht neu für ihn. Erstmals hat er im Schülertheater des Heimatstädtchens auf der Bühne gestanden, gemeinsam mit jener Halina Krolikiewicz, Tochter des Schulleiters, die er so gern gemocht hat, die er in Krakau wiedertreffen und die dort Jahre später eine beachtliche Theaterkarriere machen wird. 1945 wird er bei ihrer Trauung mit dem Bühnenbildner Tadeusz Kwiatkowski ministrieren und nach dem Krieg die Tochter des Paares taufen.

Kehren wir aber zurück in das Jahr 1939. Karol Wojtyla absolviert mit gewohnter Sicherheit seine akademischen Übungen. Doch über Polen ziehen sich düstere Wolken zusammen. Lolek und seine Kommilitonen gehen in den sommerlichen Semesterferien aufs Land, freilich nicht, um romantische Urlaubswochen am Lagerfeuer zu verbringen. Die Studenten werden zu militärischen Übungen herangezogen. Als sie zurückkehren in das spätsommerliche Krakau, ist ihre Jugend zu Ende. Adolf Hitler ist es, der ihre Träume vom Studium in Frieden und Freiheit zerschlägt.

Der Zweite Weltkrieg hat begonnen

Zum zweitenmal erfährt Karol Wojtyla ganz hautnah die großen Umwälzungen des 20. Jahrhunderts in Europa. Als kleiner Junge ist er von der nachhabsburgischen Zeit in die kurze Epoche der Demokratie in Polen hineingewachsen. Nun, mit dem wachen Bewußtsein des jungen Studenten, erlebt er die Brutalität des Krieges und fremder Diktaturen. Stalin und Hitler haben im deutsch-sowjetischen Grenz- und Freundschaftsvertrag Polen unter sich aufgeteilt; am 1. September 1939 läßt der »Führer« das östliche Nachbarland überfallen, am 17. September fallen die Sowjets in Ost-Polen ein. Der Zweite Weltkrieg hat begonnen, und mit ihm jahrzehntelange Knechtschaft für das Heimatland des jungen Mannes aus Wadowice.

In Krakau – wie überall im Land – werden Intellektuelle, Politiker, Beamte von der Gestapo und der SS gejagt, gefoltert, eingesperrt, vernichtet. Das akademische Leben setzt sich in der Heimlichkeit fort; im Untergrund werden die zerschlagenen Strukturen der Jagiellonen-Universität neu aufgebaut. Karol Wojtyla ist von Anbeginn dabei in den Hinterzimmern und Pfarrhäusern – unter Lebensgefahr.

Nach dem ersten großen Schrecken geht auch das Theaterspielen weiter, und auch dies im Untergrund. Privatwohnungen werden zur Bühne, auf der nationalpolnische Literatur aufgeführt wird. Die Sprache ist nun der Nährboden für das Überleben im gewaltlosen Widerstand. Es entsteht das »Rhapsodie-Theater«, nach dem Krieg vielfach gerühmt als Zentrum geistiger Auflehnung gegen den Terror der Nazi-Mörder. Auch hier ist der Student Wojtyla dabei, und er setzt die eigene literarische Produktion fort. So formt er nach biblischen Stoffen das Drama »Hiob«. Als aus dem Jung-Akademiker Lolek Papst Johannes Paul II. geworden ist, publizieren westliche Rundfunkanstalten und Buchverlage einen anderen poetischen Versuch des vielbegabten Polen. Es trägt den etwas umständlichen Titel: »Der Laden des Goldschmieds – Meditationen über das Sakrament der Ehe, die sich vorübergehend zum Drama wandeln«. Zum erstenmal, und späterhin viele weitere Male, beschäftigt sich der Autor intensiv mit dem Themenfeld Ehe, Familie, Erziehung. Auch hier, so scheint es, verarbeitet er die schmerzlichen Erfahrungen, die er mit dem Tod der Mutter und des Bruders gemacht hat.

Karol Wojtyla und seine Freunde in Krakau proben in dieser Zeit nicht nur für das Theater, führen nicht nur ihre verdeckten Studien fort. Sie leben ein Leben für das Überleben. Die Deportationen von Arbeitssklaven in Hitlers Drittes Reich haben begonnen. Wer dem Transport nach Westen entkommen will, braucht Glück, gute Freunde und eine Arbeitskarte, um im eigenen Land als Knecht überdauern zu können. Karol junior hat dieses Glück und die Freunde. Mit einer Arbeitskarte zieht er in den Steinbruch des Chemiewerks »Solvay« bei Krakau und schuftet unter erbärmlichen Bedingungen, bei Kältegraden bis zu minus 30 Grad, um dann als Lyriker – nach Feierabend in dieser harten Zeit – folgende Zeilen schreiben zu können: *Die Steine kennen diese Gewalt. / Doch kann der Strom ihre ganze Stärke lösen? / Er ist's, der diese Stärke in den Händen trägt: Der Arbeiter. / Hände sind des Herzens Landschaft…*

Wieder einmal lernt der heranwachsende Mann aus Wadowice in bitterer eigener Erfahrung, das Leiden anderer mitzutragen. Von nun an wird er sich den Arbeitern als Schicksalsgefährte verbunden fühlen; wird wissen, was *Maloche* ist und wie schrecklich schrundige, aufgerissene Hände bei eisiger Kälte schmerzen können.

Im Jahre 1941, auf dem Heimweg vom »Solvay«-Steinbruch, packt ihn eines Abends die bleierne Müdigkeit. Er ist jung, kräftig, widerstandsfähig. Doch an diesem Tag wird ihm alles zuviel. Er taumelt, stolpert auf die Straße und wird von einem deutschen Militärfahrzeug erfaßt. Die Besatzer fahren weiter, als wäre nichts gewesen. »Ist ja nur ein Pollack…« Ein slawischer Untermensch. Der Untermensch, angetan mit einem dunkelbraunen Arbeiteranzug, primitive Holzschuhe an den Füßen, wie sie in den Konzentrationslagern als Sklavenschuhwerk üblich sind, verliert das Bewußtsein. Stunden später findet ihn eine Polin. Man pflegt ihn gesund.

Tage später kehrt er in den Steinbruch zurück. Nur regelmäßiges Erscheinen, das weiß er genau, und korrekte Arbeit werden ihn vor der Drangsal der Eroberer schützen. Vor der Verschleppung, vielleicht vor dem Tod. Er schwebt in Gefahr, weil er für seine Arbeitskameraden um die elementarsten Menschenrechte kämpft. Dieser junge Mann der Jahre um 1940 wird der erste Papst seit langem sein, der die Nöte unterdrückter Hilfsarbeiter am eigenen Leib, am eigenen Geist, an der eigenen Seele gespürt hat.

Es kommt noch schlimmer. Die tägliche, stündliche Bedrohung durch Hitlers Mordbuben ist schon grausam genug. Doch während Karol Wojtyla junior im Steinbruch schafft oder das betriebswichtige Wasser für die Kessel der Sodafabrik reinigt, während er jüdische Mitbürger in Sicherheit zu bringen hilft, indem er falsche Papiere beschafft oder sich für die Ärmsten der Armen um Unterschlupf bemüht – während er also genügend mit sich selbst und der Hilfe für andere zu tun hat, bedrängt ihn zusätzlich die Sorge um den Vater. Wojtyla senior ist herzkrank und wird bettlägerig. Den Heiligen Abend 1940 haben Vater und Sohn noch zusammen bei Freunden verbracht. Dann geht es zu Ende mit dem ehemaligen Leutnant. Er stirbt am 18. Februar 1941. Sein Sohn findet ihn und hält viele Stunden lang die Totenwacht. Nun hat er auch das letzte Mitglied seiner Familie verloren.

Der Entschluß zum Priestertum

Es scheint, als hätte der Tod des Vaters Loleks weiteren Lebensweg entschieden. Er entschließt sich, Priester zu werden. Den Freunden, Lehrern und der Krakauer Lieblingstante – wenigstens sie ist ihm geblieben – kommt er wie ein Verwandelter vor. An seiner verbindlichen Freundlichkeit und selbstverständlichen Hilfsbereitschaft hat sich nichts geändert. Doch er ist noch ernster geworden – ein früh Gereifter, der sich von nun an vorwiegend der Theologie widmet und mehr als je in den Krakauer Kirchen die Stille des Gebets sucht.

Karol Wojtyla wird Mitglied des Theologischen Seminars. Das Leben im Untergrund geht weiter: nach der Arbeit in der »Solvay«-Fabrik abends und an den Wochenenden das verbotene Studium. In diesen Jahren der deutschen Schreckensherrschaft lernt der Arbeiterstudent in seinem Krakauer Vorort einen Mann aus dem einfachen Volk kennen, der allem Anschein nach zu seiner Entscheidung für das Priestertum beiträgt. Er heißt Jan Tyranowski und ist Schneider – Handwerker also, wie es auch Wojtylas Vater zunächst gewesen ist. Dieser Mann gehört nicht zu den Intellektuellen des Landes, aber er besitzt etwas, das um 1940 im besetzten Polen mindestens ebenso wichtig ist wie formale Schul- und Hochschulbildung: Er hat schlichte Herzenbildung und ist sehr fromm, sehr mutig, sehr klug.

Mystische Versenkung in die Geheimnisse seines Glaubens teilt er mit jungen Freunden, die zu seinen Schülern werden. Unter ihnen ist der spätere Papst. Dessen Weggefährte M. Malinski berichtet später: »Tyranowski hat uns beide – und nicht nur uns beide – auf die Wege der großen geistlichen Meister wie Theresia von Avila und Johannes vom Kreuz geführt. In meiner Erinnerung bleiben die Gespräche aus dieser Zeit, vor allem am Ufer der Weichsel. Wir haben damals über ganz persönliche Dinge gesprochen, aber auch über die Zukunft der Welt und die Zukunft Polens. Dabei gingen wir von der Voraussetzung aus, daß aus Gebet und Betrachtung auch das Tun folgen müsse.« Dieses Tun besteht zunächst darin, unter den Augen der allgegenwärtigen Deutschen untereinander den überlebenswichtigen Kontakt zu halten und anderen zu helfen, das Leben in der Illegalität zu überstehen.So geht es noch jahrelang: Sklavenarbeit, heimliches Studium, Lebensgefahr. Da greift ein Mann in das Leben des Karol Wojtyla ein, dem er zum erstenmal im Jahre 1938 begegnet ist – damals in der Heimatstadt Wadowice, als Hitler den Krieg noch nicht ausgelöst hatte. Es ist der Erzbischof von Krakau, Kardinal Fürst Adam Stefan Sapieha. Im Namen der Schüler seines Gymnasiums hat Lolek den hohen Gast begrüßt, und der Kardinal, sichtlich beeindruckt, hat den Pfarrer von St. Marien in Wadowice gefragt: »Ob der Junge nicht Priester werden könnte? Solche wie ihn brauchen wir.« Beim zweiten Zusammentreffen – in Krakau 1942 – hat Karol sich dem Kardinal offenbart: »Ich will Priester werden.«

Und nun, wiederum geraume Zeit später, am 1. August 1944, bricht der Warschauer Aufstand los, der offene Widerstandskampf einer polnischen Heimatarmee, ein zweiter Aufstand nach dem jüdischen, der 1943 zur Vernichtung des Warschauer Ghettos geführt hat. Die SS sinnt auf Rache; am »Schwarzen Sonntag« zieht sie durch Krakau und nimmt jeden Mann über 15 Jahre mit. Karol Wojtyla hat Glück, er entwischt den Hitler-Schergen. Kardinal Sapieha bekommt es mit der Angst zu tun. Bisher haben seine heimlichen Seminaristen in den Pfarreien der Stadt verdeckte Assistentendienste geleistet. Das ist jetzt zu gefährlich geworden. Sapieha holt die Theologiestudenten in die relative Sicherheit des Erzbischöflichen Palais, und er sorgt dafür, daß Karol Wojtyla die Arbeit bei »Solvay« aufgeben kann. Die Seminaristen richten den großen Festsaal als Schlafraum her.

Kaplan, Professor, Kardinal, Papst

Am 17. Januar 1945 fällt Warschau den Sowjets in die Hände, zwei Tage später Krakau. Der Krieg ist zu Ende, die verhaßten Deutschen sind vertrieben. Doch nun beginnt die Herrschaft der roten Tyrannen. Immerhin aber ist die schlimmste Bedrohung zunächst vorüber.

Karol Wojtyla beendet sein Studium mit der Note »ausgezeichnet«; am 1. November 1946 weiht ihn sein väterlicher Freund Fürst Sapieha zum Priester. Der Kardinal hat Großes mit ihm vor. Er schickt ihn nach Rom auf die Päpstliche Universität. 1948 wird der junge Theologe »magna cum laude« promoviert, kehrt nach Krakau zurück, wird Kaplan, Professor in Lublin, Weihbischof und schließlich – Anfang 1964 – Erzbischof in Krakau.

Es ist der konsequente Aufstieg eines Mannes, der sich 23 Jahre zuvor entschieden hat, ganz und gar, mit Leib und Seele in den Dienst seines Herrn und seiner Kirche zu treten. Daß er wiederum drei Jahre später zum Kardinal erhoben wird, liegt in der Konsequenz dieses ungewöhnlichen Lebenswegs. Die Mutter hat es gesagt, damals im städtischen Wadowice am Fuße der Beskiden: »Mein Karlchen, ihr werdet sehen, wird einmal ein bedeutender Mann werden!«

Ein halbes Jahrhundert nach dem mütterlich-stolzen Wort erwählt das Konklave in Rom den polnischen Kardinal Karl Wojtyla zum ersten Slawen auf dem Stuhl Petri.

Ein Fensterplatz im Flugzeug läßt Johannes Paul II. auf seinen Reisen in alle Welt immer wieder die Dimension der unter ihm vorbeiziehenden Länder und Kontinente deutlich werden, die er als Botschafter des Evangeliums besucht. In der Zeit von Oktober 1978 bis Ende 1994 legt der Papst fast eine Million Kilometer zurück

Günter Beaugrand

Weltreisender, Mann des Jahres, Medienstar

Eine Million Kilometer hat er auf seinen Reisen um die Welt zurückgelegt, über Fernsehen, Zeitungen, Zeitschriften, Bücher ist er – nicht nur für eine Milliarde Katholiken – zum Medienstar geworden. Mitunter aber wird er zum Medienopfer: Johannes Paul II. im Widerstreit der Weltöffentlichkeit.

Es ist unverkennbar: Rom hat Mitte der neunziger Jahre eine schlechte Presse, der Papst – anderswo von den Medien umjubelt und als zugkräftige Titelfigur immer wieder eingespannt – findet in einigen europäischen Ländern nicht nur im säkularen Raum, sondern auch im kirchlichen Umfeld mehr Kritik als Lob. Zwar wird nicht bestritten, daß er auch jetzt noch die Massen zu begeistern vermag und ihnen die Vision einer neuen, gerechteren Welt und eines moralisch guten Lebens vermittelt. Und mit Hochachtung registriert die Öffentlichkeit, daß der Papst beim 10. Weltjugendtag in Manila im Januar 1995 – noch unter den Folgen seiner Hüftoperation leidend – vor mehr als vier Millionen meist jungen Gläubigen aus fünfzig Ländern die »größte Messe aller Zeiten« mit Kraft und Zuversicht feiert. Doch seine Äußerungen über Sitte und Moral in der Gegenwart stoßen immer wieder auf Protest und Widerspruch – bis zur krassen Ablehnung von Amt und Person.

»Hat Rom immer recht?« So wurden die Leser bei einer Umfrage der deutschen Zeitschrift »Weltbild«aus Anlaß der ablehnenden Stellungnahme des Vatikans zum Kommunionempfang wiederverheirateter Geschiedener angesprochen – und 56 Prozent der rund 4000 Einsender des Fragebogens bezeichneten ihr Verhältnis zum Vatikan als »gespannt«. 54 Prozent bekundeten ihr Mißtrauen gegenüber den als autoritär empfundenen Weisungen, für die Papst Johannes Paul II. weitgehend verantwortlich gemacht wird.

In den persönlichen Kommentaren der Leser wird das Oberhaupt der römischen Kirche hart attackiert: »Höchste Zeit, daß dieser Papst zurücktritt!« »Unter diesem Papst finden junge Familien keinen Weg mehr in die Kirche«, »Hoffen wir auf einen guten Nachfolger«, »Der Papst ist von gestern«, »Rom hat den Boden unter den Füßen verloren« – das sind nur einige der kritischen Worte, denen jedoch auch positive Bekundungen gegenüberstehen: »Der Papst ist die höchste Autorität für jeden Katholiken«, »Der Heilige Vater soll so weitermachen«, »Sie werden lachen: Ich habe immer noch Vertrauen in den Papst«, »Das ist doch alles Stimmungsmache«, »Der Papst wird von vielen verkannt«.

Zur Diskussion gestellt

Es scheint, daß sich seit dem 16. Oktober 1978, seit der überraschenden Wahl des Kardinals Karol Wojtyla aus Polen als Nachfolger des nur 33 Tage residierenden Johannes Paul I., die einhellig positive Einstellung gegenüber Johannes Paul II. weitgehend gewandelt hat. Der so kontaktfreudige, im Umgang mit der Öffentlichkeit vertraute »Medienpapst«, der schon bei seiner ersten Pressekonferenz im Vatikan von 1500 Journalisten aus Presse, Rundfunk und Fernsehen wenige Tage nach seiner Wahl begeistert akzeptiert wurde, wird heute in den Medien zur Diskussion gestellt, ja von ihnen oft genug »verrissen«, weil er den Trends und Tendenzen der Zeit nicht entspricht, sondern sich – ob gelegen oder ungelegen – an die ihm als Nachfolger Petri zugewiesenen Leitlinien des Glaubens und der Sittenlehre hält.

Je länger Papst Johannes Paul II. sein schweres Amt verwaltet, um so weniger wird seine damalige Einladung an die Journalisten in weiten Bereichen befolgt: »Es liegt Ihnen sehr viel an der Freiheit der Information und der Meinungsäußerung. Sie haben recht. Schätzen Sie sich glücklich, daß Sie davon Gebrauch machen können. Verwenden Sie diese Freiheit, um die Wahrheit aus größerer Nähe zu erfassen. Ich erlaube mir, Sie zur Verständnisbereitschaft einzuladen wie zu einem loyalen Pakt: Wenn Sie über die Kirche, ihr Leben und Tun schreiben und berichten, versuchen Sie, noch intensiver die tiefen, authentischen, geistlichen Triebfedern des Denkens, Handelns und Lebens der Kirche zu erfassen.«

Mit Zuversicht und Glaubenskraft begegnet Johannes Paul II. den Menschen, die ihn – wie hier in seiner früheren Bischofsstadt Krakau – festlich und in einem Meer von Blumen begrüßen. Er läßt sich von der Begeisterung anstecken, die er überall bei seinen Besuchen auslöst. Fünfmal war er als Papst zu Gast in seinem Heimatland Polen

Jubel auf dem Petersplatz

»Urbi et orbi – Der Stadt und dem Erdkreis« spendet Johannes Paul II. bei festlichen Ereignissen in der Ewigen Stadt den Apostolischen Segen. Dieser Segen gilt nicht nur den Hunderttausenden Besuchern auf dem Petersplatz, sondern bezieht über Funk und Fernsehen oft Milliarden Menschen in der ganzen Welt mit ein. In vielen Sprachen richtet der Papst Grüße an die Gläubigen auf allen Kontinenten, die sich mit ihm und mit der Kirche verbunden fühlen. Doch auch über den Raum der Kirche hinaus hinterläßt das Wort des Papstes tiefen Eindruck. Er hat im Zeitalter der Mobilität und der modernen Kommunikationsmittel seit seiner Wahl eine »Antenne« zu den Herzen vieler Menschen

Hinaus in die ganze Welt

Bis in die entferntesten Weltgegenden führen die Reisen des Friedens und der Liebe den Papst, sei es nach Papua-Neuguinea bei seiner 63. großen Reise im Januar 1995 oder zu den Ureinwohnern in Alice Springs/Australien (Bild). Die Öffnung der Kirche, wie sie von Papst Johannes XXIII. angeregt und im Zweiten Vatikanischen Konzil mit Nachdruck programmiert wurde, hat durch Johannes Paul II. eine früher kaum vorstellbare Dimension erhalten. Gern vertauscht der Papst die Papstmitra mit dem landestypischen Kopfschmuck der von ihm besuchten Völker. Er will ihnen zeigen, daß er sich ihnen zugehörig fühlt, sich trotz seines hohen Amtes als einen der Ihren betrachtet

Im Trend der Gewohnheit

Ist die lange Zeit bewährte Verständnisbereitschaft inzwischen abgelöst worden durch haltlose Kritiksucht? Wurde aus dem Medienstar ein Medienopfer? Mit einer solch vereinfachenden Schlußfolgerung ist es nicht getan. Bei Johannes Paul II. ist der mediengerechte Überraschungseffekt des Papstes »aus einem fernen Land« durch die lange Zeitdauer seines Pontifikats längst von der Gewohnheit abgelöst worden. Inzwischen werden selbst seine Pastoralreisen in die entferntesten Länder – wie Anfang 1995 nach Ostasien und Ozeanien – außerhalb der unmittelbar beteiligten Regionen weltweit nur als Routine empfunden und nicht mehr auf den Titelseiten oder in den Nachrichtensendungen als »Aufmacher« herausgestellt – es sei denn, daß sensationelle Randereignisse die Aufmerksamkeit der Medien fesseln und die Leser- und Zuschauerquoten ansteigen lassen. Auch der Papst unterliegt der Gesetzmäßigkeit der Medien: »Nur eine schlechte Nachricht ist eine gute Nachricht«. Nur eine Information über negative Ereignisse wird als berichtenswert empfunden, während die »gute Nachricht« als langweilig und unattraktiv gilt und kaum in den Vordergrund gestellt wird.

So wird das Wirken der Papstes in der Öffentlichkeit vielfach auf sensationell erscheinende Ereignisse und Äußerungen reduziert, wie etwa auf dem Zeitgeist widersprechende Aussagen zur Geschiedenenpastoral, zum Zölibat oder zum Priestertum der Frau. Das breite Spektrum seiner Enzykliken und Tausender Ansprachen, seiner unzähligen Audienzen und inzwischen 63 Auslandsreisen, ganz abgesehen von den 116 Pastoralbesuchen in Italien, verschwindet gleichsam hinter spektakulären Reizthemen.

Seine immer wiederholten Appelle zum Frieden, zur Freiheit und zur Solidarität, sein Einsatz für größere soziale Gerechtigkeit und für die Achtung der Menschenrechte haben seit vielen Jahren große Auswirkungen gehabt und zu entscheidenden Veränderungen – etwa beim Zusammenbruch des Kommunismus – beigetragen; sie werden jedoch im öffentlichen Bewußtsein verdrängt und nicht mehr wahrgenommen.

Kein Papst vor ihm hat in solchem Umfang Kontakt mit den Menschen in aller Welt gesucht und gefunden wie Johannes Paul II. Nach dem Motto »Mein Schreibtisch in Rom ist nicht mein wichtigster Platz« hat er seit Beginn seines Pontifikats Pastoralreisen in die meisten Länder der Welt unternommen und den Gläubigen dort die Verbindung mit dem Nachfolger des Apostels Petrus ermöglicht. Überall machte er sich zum Anwalt der sozial Schwachen und Unterdrückten, der Minderheiten, Alten und Kranken. Er wollte nicht nur den Menschen unmittelbar begegnen, sondern ihre Sorgen und Nöte teilen, ihnen Mut und Vertrauen zusprechen, seine Glaubenszuversicht und seinen Lebensoptimismus auf sie übertragen.

Reisen des Friedens und der Liebe

»Meine Reisen«, so erläuterte er einmal selbst seine Intention, »sind Reisen des Glaubens, des Gebets. In ihrem Mittelpunkt stehen immer die Verkündigung des Wortes Gottes, die Feier der Eucharistie, die Anrufung Mariens. Darüber hinaus sind sie eine Art Wanderkatechese, Reisen der Liebe, des Friedens, der universalen Brüderlichkeit.«

Sein Charisma, seine Fähigkeit zur Kommunikation mit den Menschen machten Papst Johannes Paul II. zum Medienstar, der Jahr um Jahr durch seine Identifikation mit dem Evangelium und der Kirche der Weltöffentlichkeit die christliche Botschaft der Liebe und Gerechtigkeit nahebrachte, im Zeitalter der modernen Kommunikationsmittel gleichsam eine »Antenne« zu den

Herzen der Menschen fand und schon 1982 von den Hörern und Zuschauern der BBC in London zum »populärsten Mann des Jahres« gewählt wurde. So war eine der seriösesten Rundfunkanstalten der Welt dem angesehenen US-Magazine TIME und der deutschen Klatschillustrierten BUNTE um gut ein Dutzend Jahre voraus. Sie kürten Johannes Paul II. Anfang 1995 zum »Mann des Jahres«.

Dreimal von der Erde bis zum Mond

Noch nie in der Geschichte der Menschheit hat eine einzige Person mit so vielen Menschen direkt oder durch die Massenmedien Kontakt gefunden wie Papst Johannes Paul II., dessen Rekord an Fotos, Filmen, Büchern, TV-Dokumentationen, CDs und Schallplatten wohl kaum überboten werden kann und der sogar als Comic-Held herhalten mußte.

Kein Wunder, daß auch die Statistiker bemüht sind, die Reiseaktivitäten des Papstes zu erfassen. So teilte Radio Vatikan mit, daß er während seiner 62 Auslandsreisen – die 63. Reise (nach Fernost) war noch nicht mit einbezogen – und während seiner 116 Fahrten innerhalb Italiens genau 2738 Ansprachen gehalten habe. Statistisch gesehen war Johannes Paul II. an jedem zehnten Tag seiner Amtszeit außerhalb Roms unterwegs. In der Zeit von Oktober 1978 bis Ende 1994 legte er fast eine Million Kilometer zurück. Das entspricht fast der dreifachen Entfernung von der Erde bis zum Mond.

Die Quantität sagt naturgemäß nichts aus über die Qualität der Reiseaktivitäten des Papstes, den man mit dem saloppen Titel »Eiliger Vater« versehen hat und damit gleichsam abwertet. Doch jede Reise mit ihren vielfältigen Begegnungen, Eucharistiefeiern, Presseterminen und Ansprachen wird zusammen mit den jeweiligen Bischofskonferenzen und den vatikanischen Beratergremien minutiös vorbereitet und auf die aktuellen seelsorglichen, gesellschaftlichen und politischen Verhältnisse der einzelnen Länder abgestimmt. Jede Reise wird von dem Grundmotiv des Papstes getragen, den Menschen beizustehen und ihnen die Frohe Botschaft in ihren oft bedrängenden Sorgen zu vermitteln.

In einem Gespräch hat der französische Schriftsteller und Autor des Papstbuches »Fürchtet Euch nicht!«, André Frossard, den Papst nach den Motiven seiner Pastoralreisen befragt. »Jede Reise«, so erklärte der Papst, »dient in gewisser Weise dazu, das Konzil zu verwirklichen. Jede Reise drückt den Glauben an die Kirche aus, der dank des Zweiten Vatikanischen Konzils in besonderer Weise eine Öffnung erfahren hat und eine Bereitschaft zum Dialog. Die Glaubenden sind sich bewußt geworden, Kirche der ganzen Welt zu sein.«

Verwirklichung des Konzils

Immer wieder betonte Johannes Paul II., daß er die apostolischen Reisen als eine neue Form des universalen Hirtenamtes des Bischofs von Rom und als Verwirklichung des Zweiten Vatikanischen Konzils ansehe: »Das Konzil hat das Bewußtsein der missionarischen Sendung der Kirche neu geweckt. Der Papst ist somit durch das Konzil aufgerufen, hinaus zu den Menschen, zu den Völkern und Nationen zu gehen.«

So hat Papst Johannes Paul II. konsequent den schon von Papst Johannes XXIII. gewiesenen Weg der Öffnung der Kirche fortgesetzt. Nach einem Wort des »guten Papstes« Angelo Guiseppe Roncalli muß sich das »Fährschiff Petri der Zeit des kalten Flittergolds entledigen und den Staub abschütteln, der sich seit Jahrhunderten auf ihm angesammelt hat. Die Zeit hatte schließlich aus dem Nachfolger des Fischers Petrus einen geheimnisvollen orientalischen

Wie nur ganz wenige Päpste vor ihm verfügt Johannes Paul II. über die Gabe, sich auf jede Situation perfekt einstellen zu können – auf das diplomatische Vieraugen-Gespräch ebenso wie auf den Auftritt vor Millionen. Segnend und voller Elan geht er auf die Menschen in aller Welt zu. Oft geschieht das nicht ohne ein gewisses Pathos

Sechs Bischöfe aus drei Konfessionen und ein Pfarrer der Herrnhuter Brüdergemeinde treffen sich 1987 mit dem Papst in der Augsburger Basilika St. Ulrich zum Ökumenischen Gottesdienst: Bischof Stimpfle, der orthodoxe Metropolit Augoustinos, Bischof Kruse, Bischof Hanselmann, Kardinal Höffner und Hans-Beat Motel (von rechts)

Die Märtyrer von Korea

Eine halbe Million gläubiger Koreaner sind Zeugen, als Papst Johannes Paul II. am 6. Mai 1984 in Seoul 103 koreanische Märtyrer seligspricht. Schon seit 1948 – drei Jahre zuvor war die japanische Kolonialmacht abgezogen – ist das ostasiatische Land in Nord- und Süd-Korea geteilt; von 1950 bis 1953 gipfelte der Konflikt zwischen den Weltmächten USA und UdSSR sowie China im Korea-Krieg, der weltweit den Frieden gefährdete. Seoul, die Hauptstadt des eher westlich orientierten Süd-Korea, hat rund zehn Millionen Einwohner und ist Sitz eines katholischen Erzbischofs. Doch die Katholiken Koreas bilden gegenüber Kommunisten und Anhängern des Buddhismus, des Konfuzianismus, des Schamanismus und der synkretistischen Religion Chundo Kyo eine verschwindende Minderheit von wenigen Prozent. Umso größer ist 1984 die Begeisterung, als Johannes Paul II. die 103 Märtyrer zu Vorbildern Koreas und der Weltkirche erhebt. Sie hatten im vorigen Jahrhundert bei Verfolgungswellen ihr Leben für den Glauben hingegeben

Satrapen gemacht, der in seinem folkloristischen Kostüm in einem anachronistischen Palais eingeschlossen war.«

Als »Weißer Blitz« von Land zu Land

Johannes Paul II. hat das »anachronistische Palais« längst weit aufgesprengt und das »folkloristische Kostüm« bereits oft genug bei seinen Reisen mit landeseigenen Trachten der von ihm besuchten Völker vertauscht. Die Papstmitra wechselte zeitweise mit Indianerfedern, Sombreros und Negerkopfputz ihren Platz – zunächst zum großen Erstaunen konservativer Gemüter, die sich mit diesem Bild des Papstes nicht abfinden konnten und es deplaziert fanden, daß er als »Weißer Blitz« von Land zu Land eilte.

Von Mexiko bis Polen, von den Fidschi-Inseln bis Uruguay, von Madagaskar bis nach Litauen und Kroatien reicht die Skala der Pastoralreisen des Papstes quer über die Kontinente in alle Himmelsrichtungen. 63 Auslandsreisen – überall mußte er sich mit jeweils völlig anderen Lebensbedingungen, oft auch mit sozialen und politischen Extremsituationen, mit kirchen-und glaubensfeindlichen Regimen auseinandersetzen. Johannes Paul II. scheute sich nicht, heiße Eisen anzupacken, den Machthabern ins Gewissen zu reden und auf die Beachtung der Menschenrechte zu pochen.

Künder des Glaubens

Überall von den Medien bei jedem Wort, jeder Geste beobachtet, stand Johannes Paul II. bei jeder Reise unablässig im Blickpunkt der Öffentlichkeit. Ohne Vorbehalte und ohne Rücksicht auf populäre Effekte verkündete er Jahr um Jahr die Botschaft des Evangeliums, getragen von der Überzeugung, den Christen in allen Irritationen der Zeit den Weg zum Glauben weisen zu müssen, wie er es bei seinem Besuch am 1. Mai 1987 in der deutschen Bischofsstadt Münster formulierte: »Der Glaube ist nicht die jeweils neueste Nachricht, die heute Schlagzeilen macht und morgen schon vergessen ist. Der Glaube ist nicht eine Lehre, die man sich selber zurechtlegt nach eigenem Gutdünken und nach den jeweiligen Bedürfnissen. Er ist nicht unsere Erfindung, unsere Leistung. Der Glaube ist ein großes Geschenk Gottes an die Kirche durch Jesus Christus. Haltet fest am Glauben der Kirche, so rufe ich Euch heute zu. Das ist der Grund meiner Pastoralreise zu Euch: ›Ich erinnere Euch, Brüder und Schwestern, an das Evangelium.Ihr habt es angenommen; es ist der Grund, auf dem Ihr steht‹ (1 Kor. 15,1). Ohne einen starken Glauben seid Ihr ohne Halt, umhergetrieben von den wechselnden Lehren der Zeit. Ja, auch heute gibt es Bereiche, wo man die gesunde Lehre nicht mehr erträgt, wo man sich nach eigenen Wünschen immer neue Lehrer sucht, die den Ohren schmeicheln, wie Paulus es vorhergesagt hat. Laßt Euch nicht täuschen. Fallt nicht herein auf die Propheten des Egoismus, der falsch verstandenen Selbstverwirklichung, der irdischen Heilslehren, die diese Welt ohne Gott gestalten wollen.«

Für Frieden und Versöhnung

Nur facettenhaft läßt sich nachzeichnen, mit welchem Nachdruck Johannes Paul II. bei jeder Pastoralreise für die Menschenrechte eintrat, wie er als Fürsprecher des Friedens und der Versöhnung Brücken zwischen den verschiedensten Gruppierungen, Konfessionen und Völkern zu schlagen suchte und – als einer der Höhepunkte seines Pontifikats – im Oktober 1986 in Assisi zum erstenmal maßgebende Vertreter aller Weltreligionen zum Weltgebetstag für den Frieden zusammenrief, der im Januar 1993 auf europäischer Basis wegen des Kriegs in Bosnien-Herzegowina wieder einberufen wurde.

Blumen umgeben den Altar mit dem Bildnis der »Trösterin der Betrübten« im niederrheinischen Wallfahrtsort Kevelaer, zu dem Johannes Paul II. bei seinem Deutschland-Besuch Anfang Mai 1987 pilgert. Eng mit der Gottesmutter verbunden, erneuert er in Kevelaer seinen Wahlspruch »Totus tuus Maria – ganz Dein bin ich, Maria«

Frieden und Versöhnung waren auch die Hauptmotive des Pastoralbesuchs Anfang September 1994 in Kroatien, den er trotz seiner schmerzhaften Erkrankung durchführte und bei dem er unermüdlich zur Einstellung der blutigen Auseinandersetzungen auf dem Balkan aufrief, denen er jede Rechtfertigung absprach. In seinem Abschiedswort beim Abflug auf dem Flugplatz von Zagreb forderte er erneut zur Versöhnung auf: »Habt Mut zum Verzeihen und Wohlwollen... Verzeihen bedeutet, das Herz freimachen von Rachegefühlen, die nicht mit der Zivilisation der Liebe vereinbar wären, zu der jeder Mensch guten Willens seinen Beitrag leisten muß.«

Jenseits von Lob und Tadel

Wer die Persönlichkeit des Papstes differenziert betrachtet, seine weltweite missionarische Aktivität, seine Überzeugungskraft und sein Charisma als Botschafter des Evangeliums, des Friedens und der Gerechtigkeit abseits von Lob und Tadel im Spektrum der Medien immer wieder miterleben konnte, wird sich der vielfach geradezu modisch gewordenen Papstschelte verschließen müssen. Seine direkte und indirekte Einwirkung auf das Leben ungezählter Christen läßt sich ebensowenig einschätzen wie die politischen und gesellschaftlichen Veränderungen, die er in vielen Ländern bewirkt hat.

Es wäre zu einfach, ihn wegen seiner auf der Lehre der Kirche begründeten ethisch-moralischen Einstellung, die vielfach als unzeitgemäß empfunden wird, pauschal als konservativ oder gar rückständig abzustempeln. Johannes Paul II. sieht seinen Sendungsauftrag unabhängig von der zustimmenden oder ablehnenden Resonanz, die er durch seine Stellungnahmen kraft päpstlicher Autorität auslöst.

Auch die dadurch provozierte Kritik in den Medien, die den Medienstar von Fall zu Fall bei der Jagd nach attraktiven Neuigkeiten innerhalb kurzer Zeit zum Medienopfer werden lassen, ist für sein Selbstverständnis kein Maßstab, wie er es selbst in seinem neuen Buch »Die Schwelle der Hoffnung überschreiten« zum Ausdruck bringt: »Die Kommunikationsmittel haben die verschiedenen sozialen Schichten daran gewöhnt, nach eigenen Wünschen zu hören ... Wenn die wahre Lehre unpopulär ist, ist es nicht erlaubt, eine leicht zu erreichende Popularität zu suchen. Man muß abwägen, welche Last schwerer zu tragen ist: die Wahrheit, selbst dann, wenn sie anspruchsvoll ist, oder aber der Schein der Wahrheit, der moralische Richtigkeit nur vortäuscht.«

Als »Eiliger Vater« oder »Weißer Blitz« wird Johannes Paul II. salopp bezeichnet, weil er seit Beginn seines Pontifikats durch seine vielen, oft überraschend schnell aufeinanderfolgenden Apostolischen Reisen Kontakt mit Menschen in aller Welt sucht. »Mein Schreibtisch in Rom ist nicht mein wichtigster Platz« – nach diesem Motto handelt er und nimmt dafür auch – wie das Bild zeigt – starken Gegenwind in Kauf

Fernöstlich Fröhlich Farbenfreudig

Daß die christlichen Religionen selbst in den entferntesten Erdenwinkeln ihre Gläubigen haben, zeigt sich nirgends so deutlich wie in der katholischen Kirche mit ihrem römischen Zentrum. Wenn der Papst die Glieder der Weltkirche zur Generalaudienz auf dem Petersplatz empfängt, hat er seine besondere Freude an Folkloregruppen, die ihm die Bräuche ihrer Heimat demonstrieren. Diese jungen Frauen und Mädchen sind aus Taiwan ins ferne Europa gereist. Auch in ihrem Land sind die Katholiken, wie etwa in Korea, weitaus in der Minderheit. Selbst tiefschürfende westliche Nachschlagewerke erwähnen nicht einmal ihre Existenz. Die Republik Taiwan entstand 1949/50 auf der Insel Formosa vor der südöstlichen Küste des chinesischen Festlands, als die nationalen Kräfte sich den Kommunisten geschlagen geben und sich auf die Insel zurückziehen mußten. Ihre Schutzmacht waren die USA, deren Soldaten Formosa erst im Jahre 1979 verließen

VERNEIGUNG VOR DEM GAST AUS ROM

Audienzen und Begrüßungen ohne Zahl prägen den Alltag des Papstes nicht nur im Vatikan, sondern auch auf seinen Reisen, wo er überall der örtlichen und regionalen Prominenz begegnet und mit vielen Persönlichkeiten einige Worte wechselt. Mit großem Einfühlungsvermögen und erstaunlicher Sachkenntnis versetzt sich der Papst jeweils in die kirchliche, gesellschaftliche und politische Situation der von ihm bereisten Länder.
Bei seinem zweiten Besuch in der Bundesrepublik Deutschland Anfang Mai 1987 wird der hohe Gast aus Rom auch von Herzog Albrecht von Bayern, dem Chef des Hauses Wittelsbach, begrüßt

Auf dem armen Kontinent

Ein gewohntes Bild für Johannes Paul II., wenn er in die Länder Afrikas kommt. Je ärmer die Staaten sind, desto prunkvoller zeigen sich die Ehrengarden in ihren phantasievollen Uniformen. Dem Schwarzen Kontinent mit seinen verwirrenden politisch-gesellschaftlichen Problemen wendet der Papst sich stets in besonderer Liebe zu. Ihn bedrücken Armut und Ausbeutung, diktatorischer Terror und blutige Stammesgegensätze, Kriege und Seuchen.
Die Katholiken, ohnehin meist in der Minderheit, haben einen schweren Stand. Der Zuspruch des Papstes trägt dazu bei, ihnen in leidvollem Alltag Mut zu machen. Johannes Paul II. und viele Gläubige erwarten von den afrikanischen Katholiken, ihren Bischöfen und Priestern entscheidende Impulse für die Weltkirche; manche halten auch einen »Schwarzen Vater« für durchaus denkbar

Im Kommunionkleid und mit Papstbildern in den Händen warten Anfang Mai 1987 die Mädchen im deutschen Marienwallfahrtsort Kevelaer auf den Papst. Mit voller Kraft singen Meßdiener und Chorsänger ihre Lieder als Gruß für den Papst, der elf deutsche Städte besuchte und zwischen Münster und München meist herzlich begrüßt wurde

Ein Wald von Fahnen der katholischen Verbände schmückt das Parkstadion von Gelsenkirchen im westdeutschen Ruhr-Revier. Dort, wo sonst die Schalke-Fußballer um Bundesliga-Punkte kämpfen, feiert Johannes Paul II. bei seinem Deutschland-Besuch 1987 vor den bis auf den letzten Platz gefüllten Rängen die Heilige Messe

Synode am Petrusgrab

Das Grab des heiligen Petrus unter Berninis gewaltigem Baldachin im Petersdom zu Rom ist oft Zeuge für die Universalität der Kirche, die sich immer wieder um die Einheit im Widerstreit der Lehren und Meinungen von fünf Kontinenten, aus armen und reichen, demokratischen und diktatorisch regierten Ländern bemühen und sich heute im Dialog zwischen Papst, Bischöfen und Laien mehr denn je den Anforderungen der Zukunft stellen muß. Auf Initiative des Papstes befaßte sich im Herbst 1994 die Ordenssynode mit den Problemen der Ordensleute aus aller Welt. Um den Papstaltar versammelten sich die Teilnehmer zu einem festlichen Pontifikalamt

Ein neues Zeitalter

Am 1. Dezember 1989 kommt es im Vatikan zu einer Begegnung, die von führenden kirchlichen und politischen Kreisen in Europa und der Welt umgehend als historisches Ereignis eingestuft wird: Johannes Paul II. empfängt den sowjetischen Staats- und Parteichef Michail Gorbatschow, dessen Frau Raissa und eine hochrangige Begleitung aus Moskau (Bild) zum offiziellen Besuch. Dieser aufsehenerregende Akt, der mit dem Ende der Sowjetunion und dem Zusammenbruch des ehemals monolithischen Ostblocks zusammenfällt, ist der letzte Anstoß zur Aufnahme geregelter diplomatischer Beziehungen zwischen Moskau und dem Heiligen Stuhl. Die ostpolitischen Bemühungen des Papstes und Gorbatschows Kampf um »Glasnost« und »Perestroika« haben ihre Früchte getragen. Wenig später entsteht – unter Präsident Boris Jelzin – die Gemeinschaft unabhängiger Staaten (GUS); 1991 kommt auch Jelzin in den Vatikan. Genau 1002 Jahre zuvor hat in Rußland die Christianisierung begonnen – und knapp 30 Jahre zuvor Nikita Chruschtschows Versuch, direkte (wenngleich private) Kontakte zwischen dem Kreml und dem Vatikan herzustellen. – Den Beginn eines neuen Zeitalters illustrieren auf den folgenden Seiten die Rededokumente der 1989er Begegnung zwischen dem Papst und Gorbatschow in Rom

▷

Der Papst beginnt am 1. Dezember 1989 seine Ansprache an Gorbatschow in Russisch, ehe er in Italienisch fortfährt: »Herr Präsident! Der Besuch, den Sie dem Nachfolger Petri abstatten wollten, ist ein wichtiges Ereignis in der Geschichte der Beziehungen der Sowjetunion zum Apostolischen Stuhl und wird als solcher von den Katholiken der ganzen Welt wie auch von allen Menschen guten Willens mit großem Interesse betrachtet. Bekanntlich ist das Haus des Papstes seit jeher das gemeinsame Haus für alle Repräsentanten der Völker der Erde...

Die jüngste Entwicklung und die neu eröffneten Aussichten veranlassen uns, auf eine Änderung der Situation zu hoffen, dank des mehrmals bekräftigten Beschlusses Ihrer Regierung, eine Erneuerung der internen Gesetzgebung durchzuführen mit dem Ziel, sie voll den hohen internationalen Verpflichtungen anzupassen, die auch von der Sowjetunion unterzeichnet worden sind.

In diesem Augenblick mache ich mir die Erwartung von Millionen Ihrer Mitbürger – und mit ihnen von Millionen Bürgern der Welt – zu eigen, nämlich, daß das Gesetz über die Gewissensfreiheit, das bald vom Obersten Sowjet diskutiert werden wird, dazu beitrage, allen Glaubenden die volle Ausübung des Rechts auf Religionsfreiheit zu garantieren, welches – wie ich viele Male in Erinnerung gerufen habe – Fundament der anderen Freiheiten ist. Ich denke besonders an jene Christen, die in der Sowjetunion in voller Gemeinschaft mit dem Apostolischen Stuhl leben. Für alle sie – mögen sie dem lateinischen Ritus, dem byzantinischen Ritus oder dem armenischen Ritus angehören – drücke ich den Wunsch aus, daß sie frei ihr religiöses Leben praktizieren können...

Mit Ihnen, Herr Präsident, konnten wir auch über die internationale Lage und über einige spezielle Probleme von besonderer Dringlichkeit sprechen. Wir haben auch die Entwicklung unserer Kontakte behandelt, um sowohl die Probleme der katholischen Kirche in der UdSSR zu lösen, als auch einen gemeinsamen Einsatz für den Frieden und die Zusammenarbeit in der Welt zu fördern. Möglich ist diese Zusammenarbeit, weil sie den Menschen zum Objekt und zum Subjekt hat. Ist doch ›der Mensch‹ der ›Weg der Kirche‹, wie ich von Beginn meines Pontifikats an sagte... Und wenn einerseits die Kirche das Geschehnis des Menschen im Licht des Geheimnisses Christi erfährt *(Zweites Vatikanisches Konzil, Konstitution Gaudium et spes, Nr. 22)*, so ist es gleichfalls wahr, daß sie es auch durch die Erfahrung der einzelnen wie auch durch die Erfolge und Niederlagen der Nationen verstehen lernt. Deshalb stellt sich die Kirche als ›Expertin in Menschlichkeit‹ *(Paul VI., Ansprache an die Generalversammlung der Vereinten Nationen, 4. Oktober 1965)* heute mehr denn je auf die Seite aller, die der Sache des Menschen dienen und zum Fortschritt der Nationen beitragen wollen.

Am Ende des zweiten Jahrtausends der christlichen Ära wendet sich die Kirche an alle, denen das Geschick der Menschheit am Herzen liegt, damit sie sich in einem gemeinsamen Einsatz für ihre materielle und geistige Erhebung vereinen. Eine solche Sorge für den Menschen vermag nicht nur zur Überwindung der internationalen Spannungen und zur Beendigung der Konfrontation zwischen den Blöcken zu führen, sondern kann auch das Entstehen einer universalen Solidarität vor allem hinsichtlich der Entwicklungsländer begünstigen. Denn »die Solidarität hilft uns – wie ich schon betont habe –, den ›anderen‹ – Person, Volk oder Nation – nicht als irgendein Mittel zu sehen..., sondern als ein uns ›gleiches‹ Wesen, eine ›Hilfe‹ für uns *(vgl. Gen 2, 18.20)*«. Das gilt besonders für die stärksten und reichsten Nationen. Was sie betrifft, habe ich gesagt, daß sie, indem sie jeglichen Imperialismus und alle Absichten, die eigene Hegemonie zu bewahren, überwinden,

… sich für die anderen moralisch verantwortlich fühlen (müssen), bis ein wirklich internationales System geschaffen ist, das sich auf der Grundlage der Gleichheit aller Völker und auf die notwendige Achtung ihrer legitimen Unterschiede stützt.

Der Heilige Stuhl verfolgt mit großem Interesse den von Ihnen in der UdSSR eingeleiteten Erneuerungsprozeß, wünscht diesem Erfolg und ist bereit, jede Initiative zu fördern, die dazu dient, die Rechte und Pflichten der Personen und Völker besser zu schützen und in Einklang zu bringen, um den Frieden in Europa und in der Welt zu sichern.«

Präsident Michail Gorbatschow erwidert: »Heiligkeit! Meine Herren! Ich danke Ihnen für die freundliche Aufmerksamkeit und für das Interesse, das Sie mir, meinem Land, unserer Politik und unseren Gesichtspunkten bezüglich der Welt entgegengebracht haben. Ein wirklich außerordentliches Ereignis hat stattgefunden. Möglich gemacht haben es die tiefgreifenden Veränderungen, die in vielen Ländern und Nationen vor sich gehen. Und wir können damit rechnen, daß es dazu beitragen wird, ihren positiven Fortgang zu gewährleisten. Wir haben über viele Dinge gesprochen. Ich fühle, daß meine Gedanken und meine Sorgen gebührend beachtet wurden, wie auch meine Darlegung der Probleme, die zur Zeit in unserem Land bestehen, einschließlich der Probleme zwischen dem Staat und den verschiedenen Kirchen, denen wir uns in einem Geist von Demokratie und Humanismus und im Rahmen der Perestroika zuwenden.

Die Sowjetunion und der Heilige Stuhl haben am Entwicklungsprozeß von Helsinki teil. Ihren Möglichkeiten entsprechend und mit der gebotenen Achtung ihrer besonderen Rollen tragen beide dazu bei, daß er in dem richtigen Rhythmus fortschreitet, Lösungen für die gemeinsamen Probleme Europas hervorbringt und ein günstiges Klima schafft, das es den Nationen gestattet, ihre eigenen Entscheidungen unabhängig voneinander ins Werk zu setzen. Die Achtung der nationalen, staatlichen, geistigen und kulturellen Identität ist eine unerläßliche Bedingung für einen ausgewogenen internationalen Ausblick, den jetzt Europa und die Welt nötig haben, um die historische Wasserscheide zu überschreiten und zu einer neuen Zeit des Friedens zu gelangen.

Von diesen Standpunkten sind wir ausgegangen, um unseren Dialog mit dem Heiligen Stuhl zu beginnen – einen Dialog, der jetzt mit diesem Gipfeltreffen gekrönt wurde. Ich bin glücklich, den hohen Grad gegenseitigen Verständnisses festzustellen und die Bereitschaft, diesem Dialog konkrete Resultate folgen zu lassen.

Wir sind grundsätzlich übereingekommen, unseren zwischenstaatlichen Beziehungen offiziellen Charakter zu verleihen. Was die Modalitäten betrifft, so werden diese auf diplomatischem Weg festgelegt. In der Sowjetunion leben Völker verschiedener Bekenntnisse, darunter Christen, Muslime, Juden, Buddhisten und andere. Sie alle haben das Recht, die eigenen geistlichen Bedürfnisse zu befriedigen. In Kürze wird in unserem Land das Gesetz über die Gewissensfreiheit angenommen werden. Im Rahmen der Bewegung der Perestroika lernen wir die schwierige, aber unerläßliche Kunst der globalen Zusammenarbeit und der Festigung der Gesellschaft auf der Basis der Erneuerung.

Ich grüße Sie und schließe mich den Wünschen an, die wir soeben von Seiner Heiligkeit vernommen haben. Ich möchte ankündigen, daß wir im Lauf unserer Unterredung auch von einem zukünftigen Besuch des Papstes von Rom in der Sowjetunion gesprochen haben.«

Das folgende Kapitel zeigt auf den Seiten 58-90, wie Johannes Paul II. internationale Fäden zieht und dabei insbesondere als Sendbote der Ökumene auftritt: »Der Pole, die Politik und die Großen der Welt«

Die Mächtigen der Welt suchen den Kontakt mit Papst Johannes Paul II., den viele von ihnen in einer Zeit der Orientierungslosigkeit und des Wertewandels als unermüdlichen Vorkämpfer für Menschenrecht und Menschenwürde schätzen. Das Bild zeigt Johannes Paul II. und US-Präsident Clinton im August 1993 in Denver/USA. Karol Wojtyla war 1979 der erste Papst, der das Weiße Haus in Washington besuchte

Elmar Bordfeld

Der Pole, die Politik und die Großen der Welt

Internationale Beobachter und wichtige Gestalter der Weltpolitik zählen den ersten Slawen auf dem Heiligen Stuhl zu den einflussreichsten Päpsten der modernen Zeit. Am Untergang des Sowjetreiches, so heisst es, habe er massgeblichen Anteil gehabt.

Am 13. Mai 1991 hält Johannes Paul II. bei einem Gottesdienst im portugiesischen Wallfahrtsort Fatima eine Ansprache mit starken politischen Akzenten. Sie wird weltweit über Hörfunk und Fernsehen übertragen. Aber vor Ort dabei sind auch zahlreiche politische Persönlichkeiten. Unter ihnen eine ungewöhnliche: Gennady Gerasimov, früherer Pressesprecher des Kreml und heute der erste offizielle Repräsentant Moskaus bei einer religiösen Zeremonie der römisch-katholischen Kirche. Seine Anwesenheit in einem Wallfahrtsort, der der christlichen Bekehrung der Sowjetunion geweiht sei, kommentiert er gegenüber Journalisten so: »Die Sowjetunion ist in die Welt zurückgekehrt.« Am Ende des gleichen Jahres hörte die Sowjetunion auf zu bestehen.

Noch im Dezember des gleichen Jahres 1991 empfängt der Papst den neuen russischen Präsidenten, Boris Jelzin, in Rom. Anschließend reist Jelzin nach Alma Ata, um die neue Gemeinschaft unabhängiger Staaten (GUS) zu gründen und – dort zu veranlassen, daß die GUS und der Vatikan diplomatische Beziehungen aufnehmen.

Kein Geringerer als Jelzins Vorgänger Michail Gorbatschow, inzwischen privater Bürger, würdigt im März 1992 in einem aufsehenerregenden Interview der italienischen Tageszeitung »La Stampa« Karol Wojtyla als erfolgreichen Politiker: »Alles, was sich in Osteuropa in diesen letzten Jahren ereignet hat, wäre nicht möglich gewesen ohne die große – aber auch politische – Rolle, die dieser Papst auf Weltebene gespielt hat.«

In einer Audienz für den Chefredakteur von »La Stampa«, Paolo Meli, versucht der Papst diese ihm zugeschriebene »politische Rolle« herunterzuspielen: »Aufgabe des Papstes ist es, das Evangelium zu verkünden. Wenn dies einen politischen Wert darstellt, dann ja, dann gilt dieser auch für den Papst. Aber immer nur in dem Sinn, daß er den Menschen verteidigt.«

Und dann fügt der Papst noch hinzu: »Als ich im Jahr 1978 Papst wurde, dachte ich nicht im entferntesten daran, einer so radikalen Transformation, wie sie Osteuropa erlebt hat, beizuwohnen. Ich dachte nicht daran, weil es insgesamt völlig undenkbar war.«

Heute, im 17. Jahr seines Pontifikats, wird deutlich, was damals vielen rätselhaft erschien. In seiner Antrittsrede auf dem Petersplatz rief der Papst den Menschen in aller Welt zu: »Habt keine Angst! Öffnet die Grenzen der Staaten, die weiten Bereiche der Kultur, der Zivilisation und des Fortschritts! Öffnet die Pforten Christus, dem Erlöser!« Als Europa noch für lange Jahrzehnte geteilt schien, dachte der Brückenbauer bereits daran, daß der Eiserne Vorhang reißen würde und daß er mit allen seinen Bemühungen »die Schwelle der Hoffnung überschreiten« wollte (so der Titel seines 1994 erschienenen Buches).

Der Papst und Solidarnosc

In der letzten Augustwoche des Jahres 1990 treffen sich zwei Polen verschiedenartiger Herkunft, ein Priester und ein ehemaliger Werftarbeiter, südlich von Rom in einer hochherrschaftlichen Villa am Albaner See. Sie begehen den zehnten Jahrestag eines Ereignisses, das Weltgeschichte machte: die Unterzeichnung der Verträge von Danzig, mit denen die erste freie Gewerkschaft in Polen, die »Solidarnosc«, gegründet worden ist. Die Gründung dieser »Solidarität« bildet das erste Glied einer ganzen Kette von Ereignissen, die zum Ende des Kalten Krieges und zum Zusammenbruch der sowjetischen Hegemonie in Osteuropa im Jahr 1989 führten.

Der Werftarbeiter ist Lech Walesa, der Gründer von Solidarnosc und spätere polnische Staatspräsident. Der Priester ist Karol Wojtyla, der »Papst aus einem fernen Land«. Der Ort des Treffens ist die päpstliche Sommerresidenz in Castel Gandolfo.

Auf gleicher geistiger Wellenlänge fühlen sich Johannes Paul II. und der damalige Bundespräsident Richard von Weizsäcker, die beim Papstbesuch in Deutschland im Jahr 1987 freundschaftliche Kontakte knüpfen. Ihre Begegnung ist von tiefem gegenseitigen Respekt geprägt

Großen Widerspruch löst es weltweit aus, als Johannes Paul II. im April 1990 Yassir Arafat, den Chef der Palästinensischen Befreiungsorganisation (PLO), zur Audienz empfängt. Doch im Interesse der Versöhnung und des Friedens im Nahen Osten kalkuliert der Papst das Risiko dieses Zusammentreffens ein. Seine Friedensdiplomatie läßt ihm keine andere Wahl

Im Land der Anglikaner

Bei seinem Besuch in Großbritannien im Jahre 1982 trifft Johannes Paul II. den englischen Thronfolger Prinz Charles und den Erzbischof von Canterbury, Dr. Robert Runcie. Der Papst sieht es als seine Aufgabe an, den Austausch mit den anglikanischen ebenso wie mit den orthodoxen Kirchen zu verbessern und die im 16. Jahrhundert zerrissenen Bande neu zu knüpfen. Damals hatte König Heinrich VIII. sich von Rom losgelöst, weil der Papst seine erste Ehe nicht scheiden wollte. 1535 wurde Heinrich, obwohl gläubiger Katholik, Oberhaupt der anglikanischen Staatskirche. Der königliche Kanzler Thomas Morus widersetzte sich diesem Akt und wurde, ebenso wie sein Nachfolger Cromwell, gefangengesetzt und hingerichtet. Der König verfiel dem Kirchenbann

Der patriotische Sinn dieses polnischen Papstes, seine Entschlossenheit und der Optimismus, der 1979 von seinem ersten Besuch in der Heimat ausging, brachten ohne jeden Zweifel den Übergang Polens von einer kommunistischen Diktatur unter sowjetischer Hegemonie zur ersten Demokratie nach westlichem Muster in Osteuropa. Vor einer unübersehbaren Menschenmenge in Gnesen, der alten Königsstadt, verkündet Johannes Paul II. 1979 feierlich: »Zum ersten Mal hören die slawischen Völker den Apostel Jesu Christi in ihrer slawischen Sprache reden. Muß es nicht der Wille Christi sein, daß dieser Papst in diesem Moment von der geistlichen Einheit Europas spricht?« Die Menge tobt. Noch gelingt es den Regierenden, die Begeisterung zu unterdrücken. Die Zeremonie wird nicht vom Fernsehen übertragen. Aber der Hinweis auf die weit in das kommunistische Gebiet übergreifenden christlichen Grenzen Europas ist überdeutlich.

Bei der Abschiedszeremonie auf dem Warschauer Flughafen am 10. Juni 1979 läßt sich das Fernsehen nicht mehr ausschalten. So können Millionen sehen, wie sich ein römischer Papst und ein kommunistisches Staatsoberhaupt, Henryk Jablonsky, heftig umarmen. Mit diesen zwei Polen umarmen sich auch zwei völlig gegensätzliche Welten. »Von diesem Augenblick an wird nichts mehr so sein, wie es war«, flüstert ein hoher polnischer Staatsfunktionär sichtlich erschüttert. Aber es soll noch mehr als zehn Jahre dauern, bis eine zunächst nur päpstliche Vision durch den Fall von Mauern und Stacheldraht Wirklichkeit wird. Mühselige zehn Jahre, in denen der Papst noch weitere Male nach Polen fährt, aber, was wichtiger ist, als polnischer Papst in einer Art permanenter Drohung (z. B. 1983, während das Kriegsrecht verlängert ist, unvermittelt dorthin zu reisen) Stück für Stück den Wandel vorantreibt.

Seine Vision vermischt sich mit politischer Klugheit und der Kontinuität vatikanischer Politik. Der Heilige Stuhl, so die vatikanische Staatsbezeichnung, hatte sich schon seit Jahren aktiv in das KSZE-Geschehen eingeschaltet. Dem damaligen vatikanischen Chefdiplomaten Casaroli war es gelungen, vor allem den Vertretern der Ostblockstaaten wichtige Teile des Textes über Menschenrechte und Religionsfreiheit abzuringen. Ob die Kardinäle es ohne eine solche Voraussetzung gewagt hätten, einen Polen zum Papst zu wählen?

Stalin war es, der bekanntlich die Frage stellte: »Wieviel Divisionen hat der Papst?« Es ist der russische Außenminister Gromyko, der nach einer Papstaudienz im Vatikan erklärt: »Vielleicht ist sich der Heilige Stuhl gar nicht bewußt, welche Macht er besitzt.«

Der Papst und die vatikanische Diplomatie haben sie noch bitter nötig. Am 13. Dezember 1981 wird in Polen das Kriegsrecht ausgerufen und die ›Solidarnosc‹ verboten. Alle Hoffnung am Ende? Eindringlich appelliert der Papst, den Kriegszustand zu beenden. »Der letzte Krieg und die Besetzung brachten den Verlust von etwa sechs Millionen Polen. Es darf kein weiteres polnisches Blut fließen und das Gewissen der eigenen Landsleute beflecken!« schreibt er an Präsident Wojciech Jaruzelski.

Eng ist die Zusammenarbeit mit den polnischen Bischöfen. Diese laden am 8. Juni 1982 – für die Regierung überraschend – den Papst ein, erneut nach Polen zu kommen. In einer dramatischen Aktion bemüht sich die Warschauer Militärregierung, den Papst von seiner Reiseabsicht abzubringen. Das Kriegsrecht wird ein wenig gelockert. Am 16. Oktober predigt Kardinal Józef Glemp in Warschau: »Ein Christ verzweifelt niemals. Solidarnosc existiert nicht mehr, aber die Solidarität bleibt.« Den Papst im Rücken setzt sich Glemp am 7. Oktober mit General Jaruzelski an den Verhandlungstisch. Zwei Tage später ist Walesa ein freier Mann, einen Monat später das Kriegsrecht aufgehoben.

Der Dalai Lama als Oberhaupt der tibetischen Lamaisten zählt ebenso wie Johannes Paul II. zu den großen Fürsprechern und Vorkämpfern des Friedens in unserer Zeit. Das Prinzip der Gewaltlosigkeit, wie es der Dalai Lama seit Jahren überall in der Welt verkündet, entspricht dem Denken des Papstes. Das Bild entstand 1982 im Vatikan

Das redliche Bemühen um Kontakte mit allen Religionen durchzieht wie ein roter Faden das Pontifikat Johannes Paul II. Höhepunkt ist der Weltgebetstag für den Frieden im Oktober 1986 in Assisi, an dem auf Einladung des Papstes zum erstenmal Repräsentanten aller Weltreligionen teilnehmen. Auch bei Audienzen im Vatikan empfängt er immer wieder Vertreter anderer Religionen, so etwa im Jahr 1984 Mönche der hinduistischen Glaubensrichtung »Swaminarayan«

Taizé oder der Geist der Ökumene

Seine 31. Auslandsreise führt Johannes Paul II. nach Frankreich. Im Oktober 1986 – kurz zuvor ist er in Kolumbien gewesen – besucht er die Region Mitte-Ost, weilt in Lyon und kommt schließlich nach Taizé im Departement Saône-et-Loire. Hier hat Roger Schutz (im Bild hinter dem Papst) im Jahre 1940 die »Communauté de Taizé« gegründet. Sie wurde zu einem Zentrum internationaler ökumenischer Bestrebungen und übt besonders auf Jugendliche mehrerer Konfessionen einen großen Reiz aus. Die Brüder von Taizé entstammen zahlreichen Ländern. Sie haben sich der Gütergemeinschaft, der Ehelosigkeit und der Anerkennung einer Autorität verschrieben und leben von den Einkünften aus ihren Berufen. Ihre angestammte Konfession behalten sie bei. Johannes Paul II. bringt dieser Form alltäglich gelebter Ökumene große Sympathie entgegen

Der Papst und das »dritte Rom«

Immer schon ist für Karol Wojtyla Moskau (nach Rom und Konstantinopel) das »dritte Rom« gewesen, aber von Rom getrennt. Im Jahr 988 hatten sich Prinz Vladimir und viele seiner Gefolgsleute im Fluß Dnjepr nach den byzantinischen Ritus taufen lassen und blieben nach der Spaltung russisch-orthodox. Als jemandem, der die Leiden des Zweiten Weltkriegs, der Millionen Flüchtlinge, der Opfer des Nationalsozialismus und der sowjetischen Tyrannei erfahren hatte, ist dem polnischen Papst klar, daß das zukünftige Europa von seinen Völkern, von seinen Menschen, nicht von Staats- und Religionsgrenzen bestimmt werden müsse.

Die Entwicklung in den achtziger Jahren gibt ihm recht. Unter den Besuchern der Mittwochsaudienzen in Rom sind immer mehr russische Astronauten, Zirkusartisten, Schauspieler und Fußballmannschaften. Im Februar 1988 erscheint sogar der Chor der Roten Armee.

Inzwischen ist mit Michail Gorbatschow ein Führer der postkommunistischen Sowjetunion hervorgetreten, dem die vom Papst geschickten Signale nicht verborgen bleiben. Eine dieser historischen Gesten ist die Entsendung von Mutter Teresa von Kalkutta nach Moskau. Dort darf sie ein Kloster und ein Krankenhospiz errichten.

Höhepunkt der vatikanisch-russischen »Perestroika« ist ohne Zweifel der Besuch von Präsident Gorbatschow im Vatikan im Dezember 1989. Religion ist nicht länger »Opium für das Volk«. Am Vorabend der Begegnung erklärt Gorbatschow auf dem römischen Kapitol: »Die moralischen Werte, wie sie über die Jahrhunderte von der Religion gepflegt werden, können unserem Land beim Prozeß der Perestroika helfen.«

Bereits drei Monate nach seiner Wahl, im Januar 1979, verläßt der Papst Rom zur ersten seiner vielen Reisen außerhalb Italiens. Nicht zufällig gewählt ist sein Besuch in Mexiko. Hier will der Papst die Augen der Welt auf die Probleme lenken, die den lateinamerikanischen Kontinent erschüttern. Auf die Not vieler Millionen Menschen, die häufige Nichtbeachtung der Menschenrechte, die Militärdiktaturen, die umstrittene »Theologie der Befreiung«.

Mit all diesen Fragen wird der Papst konfrontiert, als er zum erstenmal nach Lateinamerika kommt. Seine Antworten sind eindeutig: »Politik und Religion sind voneinander getrennt. Befreiung von der Sünde um jeden Preis? Ja! Befreiung mit Waffen von Unterdrückungsregimen? Nein!« Am Beispiel der Solidarnosc will er aufzeigen, wie man mit Unterdrückungsregimen umgeht.

Die Mission des Papstes in Lateinamerika

In einem der Vororte von Puebla macht Johannes Paul II. einen Besuch im Volkswagenwerk, einer nur schwach sprudelnden Quelle geringen Wohlstandes. »Die Arbeiter der Volkswagenwerke grüßen in Liebe den Arbeiter Karol Wojtyla«, heißt es auf einem der Transparente. Unter der gleißenden Sonne die Werksdirektoren, deren Frauen in langen Kleidern, die Ingenieure und Meister, die Arbeiterinnen und Arbeiter. Ein Journalist aus Frankreich kann seine Erregung kaum verbergen: »Vom ersten Blick an hat mich dieser Pole verzaubert. Ich bin sicher, daß er der Welt noch so manche Überraschung bereiten wird. Ich würde mich nicht wundern, wenn er eines Tages auf dem Roten Platz in Moskau oder vor dem Himmelstempel in Peking landet.«

Hier, wie später an vielen Krisenherden der Welt, geißelt jener Mann, der die Nöte von Arbeitern in Nowa Huta genau kennt, in der berühmt gewordenen »Puebla-Rede« die Verletzung der Menschenrechte, das gesellschaftliche Unrecht, den Leistungsdruck und die Ausbeutung der Arbeiterklassen. Er verdammt die Verhaltensweisen der Diktatoren und Privilegierten und betet mutig vor einem Gefängnis mit politischen Häftlingen. Der Papst ist in Mexiko – nach der bitteren Erfahrung aus der Kolonialzeit, die in diesem Land zur totalen Säkularisierung geführt hat – eine Sensation. Eigentlich dürfte er gar nicht im Ornat auftreten. Er erhebt die Arme und erteilt tausendfach seinen Segen. »Die Braune Madonna von Guadalupe hat Narben im Gesicht.« So ruft er aus. »Die Schwarze Madonna von Tschenstochau hat auch Narben im Gesicht. Viele Völker dieser Erde tragen Narben im Gesicht. Diese Spuren von Schwerthieben vereinen uns. Wir werden unseren Kampf um Menschenwürde und Menschenrechte fortsetzen.«

Im Oktober des gleichen Jahres 1979 besucht der Papst die Vereinigten Staaten von Amerika. Hauptziel und Höhepunkt dieser ersten USA-Reise ist der Besuch am Sitz der Vereinten Nationen. Im Glaspalast eröffnet Salim Achmed Salim, der Präsident der 34. Vollversammlung der UNO, eine Sondersitzung mit der Bitte an die Anwesenden, zunächst sitzenzubleiben. Er werde jetzt gehen und »Seine Heiligkeit hereingeleiten«.

Als der Papst den Sitzungssaal betritt, stehen die Delegierten aus aller Welt auf und klatschen Beifall. Langsam geht er durch den Mittelgang, drückt die ihm entgegengestreckten Hände und betritt schließlich das Rednerpult. Der damalige Generalsekretär, der Österreicher Kurt Waldheim, begrüßt ihn an gleicher Stelle, wo 14 Jahre zuvor Papst Paul VI. ausrief: »Nie wieder Krieg! Nie wieder Krieg!«

Eine volle Stunde lang verliest der Papst seine Ansprache. Als er von Auschwitz spricht, dem »Mahnmal für die Menschenverachtung«, wird seine Stimme ganz leise. Jede Art von Konzentrationslagern in der Welt sei zu beseitigen. Und dann wirken seine Worte wie ein Hammer. Er warnt vor den Mechanismen einer allgemeinen Zerstörung infolge Wettrüstens. Er stellt den materiellen die geistigen Werte gegenüber und fordert deren Aufwertung.

Bis auf die Vertreter Albaniens und Südafrikas sind alle Delegierten anwesend. Beflissen versichert der südafrikanische Delegationschef dem Papst am Nachmittag, er sei in der Aula gewesen, nur nicht an seinem Platz.

Beim anschließenden Empfang muß der Papst mehr als 400 Hände schütteln, ein Defilee der Mächtigen dieser Welt. Auch wenn sie und ihre Länder nicht alle nach seinem Geschmack sind, er ist in seinem Element, als habe er, der ehemalige Dorfkaplan, nie etwas anderes getan als diplomatischen Small talk. In der Grube ist er Kumpel, bei den Professoren Wissenschaftler, bei den Studenten selber Student und bei den Diplomaten eben Diplomat. Die Macht-Cliquen auf der Ehrentribüne, sonst so ausgebufft, können kaum ihre Verlegenheit verbergen.

Dialog mit den getrennten Kirchen

Amerika hat den Papst entdeckt, nicht der Papst Amerika. Der Vertreter der Methodistenkirche vertraut einem Journalisten an: »Natürlich haben Schnellschuß-Redner wie Martin Luther King, Billy Graham und die Gebrüder Kennedy den Weg zu meinen Ohren gefunden. Die Sätze hingegen, die dieser Fremde so langsam von sich gibt, treffen mein Herz und meinen Verstand.« Und dies, obwohl er sich gar nicht um Popularität bemüht, obwohl er unbequeme Ansichten vertritt, Kritik geradezu provoziert. Er schwimmt und spricht gegen den Strom. Trotzdem wird er gehört.

»Der Papst, der aus dem fernen Polen kam«, wendet sich bereits am Tage seiner Amtseinführung an die Ver-

Johannes Paul II. ist der erste Papst, der ein jüdisches Gotteshaus betritt. Im April 1986 trifft er in der Großen Synagoge in Rom mit dem örtlichen Rabbiner zusammen. Michael Wolffsohn schreibt in diesem Buch über die historische Begegnung: »Der Gang in die römische Synagoge war das symbolische Ende katholisch-christlicher Machtentfaltung gegenüber dem Judentum als Religion«

Nur ein Jahr nach seiner Wahl, 1979, fliegt der Papst in die Türkei. In Istanbul, dem alten Konstantinopel, führt er mit dem griechisch-katholischen Patriarchen Dimitrios I. intensive Gespräche – auch dies einer der Versuche, der vollkommenen Einheit aller Christen näherzukommen. Es war im Anfang des Wojtyla-Pontifikats erstaunlich zu beobachten, wie offen und bereitwillig »fremde« Kirchenführer auf ihn zugingen

treter der nichtkatholischen Kirchen: »Ich öffne das Herz für alle Brüder der christlichen Kirchen und Gemeinschaften. Ich grüße insbesondere Euch, die Ihr hier zugegen seid, in der Hoffnung auf eine baldige persönliche Begegnung«. In seiner ersten Enzyklika REDEMPTOR HOMINIS weist er auf die Verpflichtung der katholischen Kirche zur Ökumene hin. Es ist mehr als nur eine Floskel, wenn Johannes Paul II. auf seinen Pastoralreisen immer wieder in bewegenden Worten an schmerzliche und trennende Ereignisse der lokalen oder regionalen Kirchengeschichte erinnert, wenn er Grußadressen an die reformatorischen Bruderkirchen richtet, von gemeinsamem Freud und Leid der getrennten Kirchen schreibt, positive Worte über die Reformatoren Luther, Calvin, Zwingli und Jan Hus findet, durch die Würdigung des »Augsburger Bekenntnisses« (1530) neue Bedingungen für den Einigungsprozeß schafft.

Er selbst, der Papst, als Hindernis der Einheit? Der angesehene Theologe der protestantischen Gemeinschaft von Taizé in Frankreich, Professor Max Thurian, spricht in einer Studie über »Petrus und die Kirche« von dem Bedürfnis, »daß in einer sich immer mehr einigenden Welt ein Amt notwendig ist, das sich im Namen der Kirche an alle Menschen wendet. Warum nicht ein Papst, der im Namen Christi und der gesamten Kirche ein Botschafter des Friedens und der Gerechtigkeit unter den Menschen ist«.

Die kürzeste Papstreise wird eigentlich die längste. Sie führt in nur fünf Autominuten über eine Tiber-Brücke, überbrückt aber fast zwei Jahrtausende. Zwanzig Jahre nach dem Zweiten Vatikanischen Konzil und der von ihm veröffentlichten Erklärung, das jüdische Volk dürfe »nicht als von Gott verworfen und verflucht beurteilt werden«, dieser Brückenschlag. In der Synagoge der Ewigen Stadt wundert sich Oberrabbiner Elio Toaff, daß »dieses Glück ausgerechnet mir zuteil wird.« Johannes Paul II. geht in die Synagoge und setzt sich gleichrangig neben den Oberrabbiner. Gemeinsam mit der jüdischen Gemeinde hören sie Lesungen aus dem Alten Testament, dann Erinnerungen an die leidvolle Geschichte des jüdischen Volkes. Mit ernstem Gesicht hört der Papst zu, spricht von den Juden als »bevorzugten Brüdern«, als »unseren älteren Brüdern«. Ein wahrer Brückenschlag. »Die Kirche beklagt nochmals durch mich alle Haßausbrüche und Verfolgungen, alle Ausschreitungen des Antisemitismus«, so bekennt der Papst unter der Kuppel der römischen Synagoge. Oberrabbiner Toaff erwidert: »Wir sind dankbar für alles, was das Christentum in aller Welt zur Verbreitung des Glaubens an den einen Gott bewirkt hat« *(siehe auch den Beitrag von Michael Wolffsohn: »Papst und Judentum: Über den Abgrund«)*.

Ein letztes Beispiel in der Reihe wichtiger Ereignisse auf der internationalen Bühne, viele davon – wie dieses – selbst erlebt. Hier scheint mir der Schlüssel zum Verständnis dieses ebenso polnischen wie politischen Papstes zu liegen. Im September 1983 erinnert Johannes Paul II. in Wien an die Befreiung der belagerten Stadt und damit des christlichen Abendlandes von den Türken. Chef der damaligen Christenarmee war der polnische König Jan Sobieski. Vor Beginn der Schlacht hatten der König und seine Generäle an einem feierlichen Gottesdienst teilgenommen. Der Sieg in diesem Kampf, sagt der polnische Papst, habe das politische und religiöse Schicksal der europäischen Völker bis in unsere Tage hinein bestimmt. Ob sich Wojtyla als Sobieski unserer Zeit sieht? Wie eine Bestätigung scheint es, wenn er einige Monate später in der Kathedrale von Krakau am Grab des Königs Jan Sobieski die Beachtung der Menschenrechte in seiner Heimat und überall auf der Welt einklagt und dies mit dem damaligen polnischen Schlachtruf vor den Toren Wiens bekräftigt: »Ich kam, ich sah – und Gott siegte!«

Daß die katholische Kirche über alle Kontinente verbreitet ist, macht Johannes Paul II. vor allem auch mit seinen Asienreisen deutlich. Im Februar 1981 führt ihn sein Weg über Pakistan, die Philippinen und Guam nach Japan, wo er vom Kaiser Hirohito im Kaiserpalast zu Tokio mit fernöstlicher Höflichkeit empfangen wird. Auf der Rückreise nach Rom macht der Papst in Anchorage (Alaska) noch einmal Station

Lehrer und Mitstreiter

In der ehemaligen Tschechoslowakei hatten die Christen unter schwersten Repressalien zu leiden. Ein unerbittliches kommunistisches Regime behinderte und unterdrückte jegliches religiöse Leben. Die Schwierigkeiten waren entschieden größer als etwa in der DDR und sogar in Polen. Wie im staatlich-gesellschaftlichen Leben, so konnte auch auf kirchlich-religiösem Gebiet der »Prager Frühling« von 1968 keine Abhilfe schaffen. Erst eine Bürgerrechtsbewegung sorgte nach 1975 für allmähliche Besserung. 1988 konnten sogar erstmals wieder drei Bischöfe geweiht werden. Als Johannes Paul II. im April 1990 zum ersten Besuch in der Tschechoslowakei eintraf, hatten die Verhältnisse sich also, vor allem auch dank seiner Hilfe, endlich gebessert; der Ostblock war am Ende. Staatspräsident Václav Havel – Dichter, Bürgerrechtler und 1979 bis 1983 Häftling der Kommunisten – feierte den Papst (links neben ihm) als »unseren Lehrer und Mitstreiter für die Ideale der Menschenrechte«

Das andere Ich des Oberhirten

Schon unter Papst Paul VI. war Erzbischof Agostino Casaroli (links neben Johannes Paul II.) ein bedeutender Mann. Als »Außenminister« des Vatikans entwickelte sich der stille Diplomat zum Architekten der kirchlichen Ostpolitik. Sein Einfluß nahm unter Karol Wojtyla noch zu: Er wurde zum Kardinalstaatssekretär ernannt. Dieses höchste Amt der Kurie gleicht dem eines Kanzlers und Premierministers. Kenner des Vatikans bezeichnen den jeweiligen Mann an der Spitze gern als das »andere Ich« des Papstes, das stellvertretend für den Heiligen Vater wie ein Generalsekretär weltweite Fäden zieht. Casaroli, der »höchste Diener im Hintergrund«, war auch Gesprächspartner von Politikern wie Außenminister Hans-Dietrich Genscher, die vor fast 30 Jahren die deutsche Ostpolitik einleiteten

In Wojciech Jaruzelski (hinter dem Papst, 1987 in Polen) hatte Johannes Paul II. einen erbitterten Widersacher. Doch der General, der in höchste politische Ämter bis hin zum polnischen Ministerpräsidenten und ersten Sekretär des Zentralkomitees der KP aufstieg, konnte den Niedergang seiner Machtclique nicht aufhalten

Mit Lech Walesa (links), dem Führer der Danziger Streikbewegung um 1980, dem späteren Chef der »Solidarnosc«, Friedensnobelpreisträger und polnischen Staatspräsidenten, traf Johannes Paul II. immer wieder zusammen, ob im gemeinsamen Heimatland Polen oder in Rom und Castel Gandolfo. Beide hatten erheblichen Anteil am Sturz des Kommunismus im Ostblock

Auf dem Berg der Kreuze

Als Johannes Paul II. im Spätsommer 1993 für eine Woche in das Baltikum reiste – nach Litauen, Lettland und Estland -, war in diesen Ländern der mühselige und mitunter auch blutige Prozeß einer demokratischen Neuorientierung in vollem Gange. Noch immer litten die Menschen dieses weiten Raums unter den Folgen jahrzehntelanger Zwangsherrschaft aus Moskau. Für den Papst muß es ein eigenartiges Erlebnis gewesen sein, im Siauliai am »Berg der Kreuze« vorüberzugehen, dem Symbol des litauischen Unabhängigkeitsstrebens. Er gedachte all der vielen Menschen, die »in Konzentrationslager verschleppt, nach Sibirien verbannt oder zum Tode verurteilt« wurden. Mehrmals waren die vielen Kreuze von Siauliai von den Sowjets niedergewalzt worden

Kardinal Stefan Wyszynski, der Primas von Polen, war unter kommunistischer Herrschaft drei Jahre in Haft. Sein knapp 20 Jahre jüngerer Amtsbruder Karol Wojtyla stand ihm in den Kämpfen gegen staatliche Übergriffe loyal zur Seite.
Im Gegensatz zu Wyszynski, einem streitbaren Temperament, verfocht der Erzbischof von Krakau aber eine Linie diplomatischer Besonnenheit

Welch ein Triumph friedlicher Kräfte! Nach der Besetzung durch Hitler-Deutschland im Zweiten Weltkrieg, die durch gnadenlosen Terror gekennzeichnet war, und der brutalen Sowjetherrschaft, die bis an die Schwelle der neunziger Jahre reichte, ist Krakau endlich frei. Als der Papst im August 1991 dorthin kommt, in die Stadt seiner Jugend und seiner Bischofszeit, feiern viele tausend Menschen mit ihm das Meßopfer. Ein merkwürdiger Zufall: Es ist der 30. Jahrestag des Mauerbaus in Berlin …

Während dieser fünften Polenreise besucht der Papst einen Ort, der seit 340 Jahren ein Symbol nationalen polnischen Widerstandes und des katholischen Glaubens ist: das Kloster Jasna Gora bei Tschenstochau. 1655 überstand es eine schwedische Belagerung. Schon im 14. Jahrhundert gegründet, entwickelte sich Jasna Gora zum meistbesuchten Wallfahrtsort des Landes.
Die »Schwarze Madonna von Tschenstochau«, unter deren berühmtem Bild Johannes Paul II. das Opfer feiert, wird seit dieser Zeit inbrünstig verehrt. Überall in Polen ist sie gegenwärtig – im Gebet der Menschen und in unzähligen Bildnissen

Der Papst ist, wie alle gläubigen polnischen Katholiken, ein glühender Verehrer der Muttergottes. Zu Wallfahrtsorten wie Lourdes – das Bild entstand dort im Jahre 1983 – und ihrer Geschichte hat Johannes Paul II. ein ungebrochenes Verhältnis. Stets sinkt er vor dem Bildnis Mariens in die Knie, um still zu beten und seine weltumspannenden Anliegen vorzutragen. Für den Spott einer liberalisierten Welt, die Gottes Mutter aus den Augen verloren hat und sich über »Wundergläubigkeit« mokiert, bringt er wenig Verständnis auf

Die Muttergottes von Fatima

Fatima in Portugal gehört, wie Lourdes, Tschenstochau oder Altötting, zu den bekanntesten Marienwallfahrtsorten in Europa. Zu Hunderttausenden kommen die Pilger aus aller Welt. Unter ihnen war am 13. Mai 1982 auch Papst Johannes Paul II. Er entging einem Attentatsversuch, nachdem er auf den Tag genau ein Jahr zuvor bei einem Anschlag in Rom gefährlich verletzt worden war. Höhepunkt der Wallfahrten in Fatima sind die Monate Mai bis Oktober. Jeweils am 13. dieser Monate soll drei Hirtenkindern im Jahre 1917 die Muttergottes erschienen sein

Versunken betet Johannes Paul II., wie er es seit seiner polnischen Kindheit gewohnt ist, vor der Mutter Gottes – hier in Kevelaer am Niederrhein, wohin ihn sein Weg auf der Deutschlandreise Ende April/Anfang Mai 1987 führte. Seit der Mitte des 17. Jahrhunderts wird Maria in Kevelaer als »Consolatrix afflictorum«, als »Trösterin der Betrübten« verehrt

Trotz dichtgedrängter Programme mit vielfältigen Verpflichtungen findet der Heilige Vater auf seinen Reisen immer wieder die Zeit zu versunkener Andacht, insbesondere in den Wallfahrtsorten, die er die wahren Zentren der Welt- und Heilsgeschichte nennt, weil der Mensch an diesen stillen Orten des Gebets zu sich selber finde. Selbst im Blitzlichtgewitter der Fotografen und unter den gleißenden Scheinwerfern der Fernsehkameras versteht es der Papst, sich in diese kontemplative Stille zu versenken

Unter großen Mühen hat Johannes Paul II. am 29. Oktober 1994 die Bischofssynode zu den Fragen der katholischen Orden hinter sich gebracht. Er leidet an gesundheitlichen Schwierigkeiten, als er beim Abschluß in Sankt Peter seinen Stuhl sucht. Doch er gibt nicht auf; wenig später wird er eine seiner längsten Reisen antreten, die nach Fernost und Ozeanien

Heribert Böller

»Der Weg der Kirche ist der Mensch«

Papst Johannes Paul II. hat den römischen Pomp vergangener Jahrhunderte mit Düsenjet und Papamobil vertauscht. Das majestätische »Wir« ist dem persönlichen »Ich« gewichen. In seinen Lehräusserungen sieht er den Menschen als Einheit von Seele, Geist, Leib und sozialen Beziehungen.

Der 265. Nachfolger des heiligen Petrus ist zum Fels des Anstoßes geworden; er ist unbequem, an ihm scheiden sich die Geister. Mit einer atemberaubenden Dynamik hat er dem überkommenen Amtsverständnis des Pontifex maximus ein neues Erscheinungsbild gegeben. Er hat nicht nur den päpstlichen Tragesessel gegen Düsenjet und Papamobil vertauscht. Er hat das majestätische »Wir« abgeschafft und spricht auch bei offiziellen Äußerungen wie jeder normale Mensch in der ersten Person Singular – etwas, das selbst dem reformfreudigen und eigenwilligen Johannes XXIII. nicht in den Sinn gekommen ist.

Das Arbeitspensum des heiligen Vaters ist immens. Neben seinen inzwischen mehr als 60 Auslandsreisen ist er fast ständig in Italien unterwegs, trifft sich mit Eisenbahnern, Apothekern, Pizzabäckern oder Müllmännern, besucht, wenn er die Zeit dazu hat oder gesundheitlich dazu in der Lage ist, als Bischof von Rom die Gemeinden seines Bistums.

Doch Johannes Paul II. ist nicht nur ein Papst der Besuche und Begegnungen, er ist nicht zuletzt auch ein Papst der Dokumente: Elf Enzykliken hat er bis 1995 veröffentlicht. Drei beziehen sich auf die Personen der Dreifaltigkeit, eine ist der Jungfrau Maria gewidmet. Eine weitere gilt den Slawenaposteln. Drei Enzykliken beschäftigen sich mit dem Zusammenleben der Menschen und der menschlichen Arbeit. Eine weitere nimmt zum missionarischen Auftrag der Kirche Stellung, und eine zehnte Enzyklika entfaltet eine christliche Morallehre. EVANGELIUM VITAE lautet schließlich seine elfte Enzyklika, die sich vor allem für den Schutz des ungeborenen Menschenlebens einsetzt. Hinzu kommen mehrere Apostolische Schreiben und zahllose Botschaften zu aktuellen Fragen der Zeit. Bei alledem nimmt der Papst kein Blatt vor den Mund. Mit geradezu unerschütterlichem Selbstbewußtsein wendet er sich – allen Kritikern zum Trotz – ebenso unmißverständlich gegen außer- und voreheliche Sexualbeziehungen wie gegen Kriegswahn oder eine ungerechte Weltwirtschaftsordnung. Unerbittlich wird in einigen der Dokumente der kommunistische Materialismus angeprangert, dessen totalitäres Herrschaftssystem auch durch den nicht zu unterschätzenden Einfluß Johannes Pauls II. zusammengebrochen ist. Kaum minder scharf klingen manche Vorwürfe, die Johannes Paul II. gegen Auswüchse eines westlichen Liberalismus richtet. Progressiv oder konservativ? Rechts oder links? Derartige Begriffe, die wegen ihrer Plakativität ohnehin fragwürdig sind, greifen bei Johannes Paul II. schon gar nicht. Zu facettenreich sind seine Äußerungen.

Was treibt diesen Mann? Woher nimmt er seine Kraft und seine ausgeprägte Selbstsicherheit? Gibt es in der Fülle von Aktivitäten und Verlautbarungen eine innere Mitte, ein ruhendes Zentrum, aus dem heraus er seine Gedanken entwickelt? Oder bleibt bei ihm alles buntschillernd oder gar unstrukturiert und damit ungreifbar?

Einer kurze Skizze Johannes Pauls II. als Inhaber des obersten kirchlichen Lehramtes kann nicht alle wichtigen Lehrschreiben, die er veröffentlicht hat, in ihrer vielfältigen thematischen Spannbreite auffächern. Gibt es aber einen »roten Faden« in der Botschaft Johannes Pauls II.? Angesichts der Verständnislosigkeit und gar schroffen Ablehnung, mit denen viele Menschen besonders der westlichen Welt auf die päpstlichen Botschaften reagieren, scheint eine Konzentration auf das Zentralanliegen des Papstes hilfreich zu sein, um aus der Fülle das Wesentliche herauszufiltern. Dabei drängt sich sehr rasch der Eindruck auf, daß bei Johannes Paul II. in einer eigentümlich ungewohnten, zugleich jedoch faszinierenden Weise Botschaft und Bote miteinander verschmolzen sind.

Lang ist die Reihe der herausragenden Persönlichkeiten, die – wie hier der polnische Franziskanerpater Maximilian Kolbe 1982 in Rom – von Johannes Paul II. als Heilige oder Selige »kanonisiert« oder »beatifiziert« wurden. Kolbe nahm 1941 in Auschwitz für einen Mitgefangenen den Hungertod auf sich. Nicht Glorifizierung der Kirche ist Sinn der »Erhebung zur Ehre der Altäre«. Die neuen Vorbilder des Glaubens sollen vor allem die Ortskirchen aufwerten und in ihrem Selbstbewußtsein stärken

Man mag es lediglich als eine längst überfällige Stilkorrektur ansehen, wenn dieser Papst in seiner ersten Enzyklika, REDEMPTOR HOMINIS (Erlöser des Menschen), nicht mehr, wie seine Vorgänger, das »Wir« wählt, sondern sich unmittelbar als Person in der »Ich-Form« an die Gläubigen wendet. Doch dahinter steckt durchaus ein theologisches Problem, das Rückschlüsse auf das Selbstverständnis Johannes Pauls II. und den Kerngehalt seiner Botschaft zuläßt.

Das Selbstverständnis Johannes Pauls II.

Das »Wir« wurde von den Päpsten zuvor nicht etwa als eitle Etikette gewählt, sondern war Ausdruck dafür, daß der Mensch mit seinen persönlichen Vorlieben, Fehlern und Sünden hinter dem hohen Amt, das er ausübte, zurückzutreten hatte. Das Beispiel von Papst Pius II. (1458-1464) macht die Bedeutung des päpstlichen Plurals deutlich: Während seiner Amtszeit mußte Pius II. manches im offiziellen »Wir« verkünden, das Auffassungen widersprach, die er zuvor als humanistischer Gelehrter unter seinem bürgerlichen Namen Enea S. Piccolomini vertreten hatte. Immer wenn man ihn auf derartige Widersprüche aufmerksam machte, soll er geantwortet haben: »Eneam reicite, Pium recipite – Laßt den Eneas (Piccolomini) fallen, haltet euch an Pius (an den Papst)!«

Demgegenüber spricht Johannes Paul II. geradezu unbekümmert in der »Ich-Form«. Amt und Person, in früheren Zeiten durch ein traditionsreiches Zeremoniell bis hin zu mancherlei Pomp voneinander getrennt, sollen für Johannes Paul II. ganz bewußt ineinanderfallen. Das Amt soll von dessen Träger nicht abgespalten werden, der Stellvertreter Christi nicht zum bloßen Funktionär werden.

Besteht damit aber nicht zugleich die Gefahr, daß der Privatmeinung auf der Cathedra Petri Tür und Tor geöffnet wird, wo es doch Aufgabe des obersten Lehramtes ist, die objektive Wahrheit der Offenbarung zu bewahren und unverfälscht zu verkünden? Von derartigem Subjektivismus ist Johannes Paul II. gedanklich weit entfernt. Vielmehr sieht er sich als Bischof von Rom »mit der gesamten Tradition dieses apostolischen Bischofssitzes verbunden, mit allen Vorgängern im Verlauf des 20. Jahrhunderts und der vorausgehenden Jahrhunderte«.

Das Pontifikat Johannes Pauls II. wäre jedoch – bei aller Kontinuität mit der Vergangenheit – ohne seine persönliche Ausstrahlung nicht vorstellbar. Es scheint, daß der Papst sein vielzitiertes Charisma im Sinne der biblischen Geistesgaben als göttliche Gnade empfindet, die er im Gehorsam gegen Gott für seinen Dienst einzusetzen hat. Kardinal Joseph Ratzinger sieht die spannungsvolle Verbindung von Amt und Person bei Johannes Paul II. als in eindrucksvoller Weise geglückt an. »Ich glaube«, so der Kardinal, »daß diese ... Verschmelzung von ›Wir‹ und Ich ganz wesentlich das Faszinierende an dieser Papstgestalt begründet. Sie gestattet ihm, sich in diesem Amt ganz frei und selbstverständlich zu bewegen; sie gestattet ihm, als Papst ganz er selbst zu sein, ohne fürchten zu müssen, damit das Amt allzu sehr ins Subjektive herunterzuziehen.«

Das Menschenbild Johannes Pauls II.

Die unverwechselbare Art, mit der der Papst seine Person in die Waagschale seiner Amtsausübung legt, ist nicht zufällig, sondern Ergebnis eines intellektuell und spirituell durch Beobachten, Denken und Beten gewachsenen Menschen- und Gottesbildes: Der Mensch darf niemals bloß Mittel zum Zweck sein – auch ein Papst nicht. Denn jeder Mensch ist eine Person mit einer unveräußerlichen Würde, geschaffen als Ebenbild Gottes, das durch die Erlösungstat Christi nicht mehr entstellt werden kann. Dank der Menschwerdung

Schier erdrückend wirkt die triumphalistische Architektur vergangener Jahrhunderte, wenn der Papst zum sonntäglichen Angelus-Gebet am Fenster hoch über dem Petersplatz erscheint. Nur von ferne ist er zu sehen. Der 265. Nachfolger Petri ist indes kein Freund solcher Entrückung vom Volk. Er liebt mehr die unmittelbare Begegnung mit den Menschen, wie er sie auf seinen Reisen oder in den privaten und öffentlichen Audienzen erleben kann

Fusswaschung im Petersdom

Am Gründonnerstag küßt der Oberhirte der katholischen Christenheit die Füße der Teilnehmer an der traditionellen Fußwaschungszeremonie – hier im Jahre 1988 in Sankt Peter. Die symbolische Handlung, zu der stets auch Gläubige ohne hohe kirchliche Funktion eingeladen sind, ist gerade für Johannes Paul II. mehr als nur ein formaler Ritus. Denn er versteht sich vor allem als »Diener der Diener Christi« – vor Gott als »Gleicher unter Gleichen«. Deshalb legt er auf dieses Zeremoniell besonderen Wert. Der ehemalige Dramatiker und Schauspieler weiß um Wirksamkeit und Bildhaftigkeit solcher traditionsreichen Szenarien

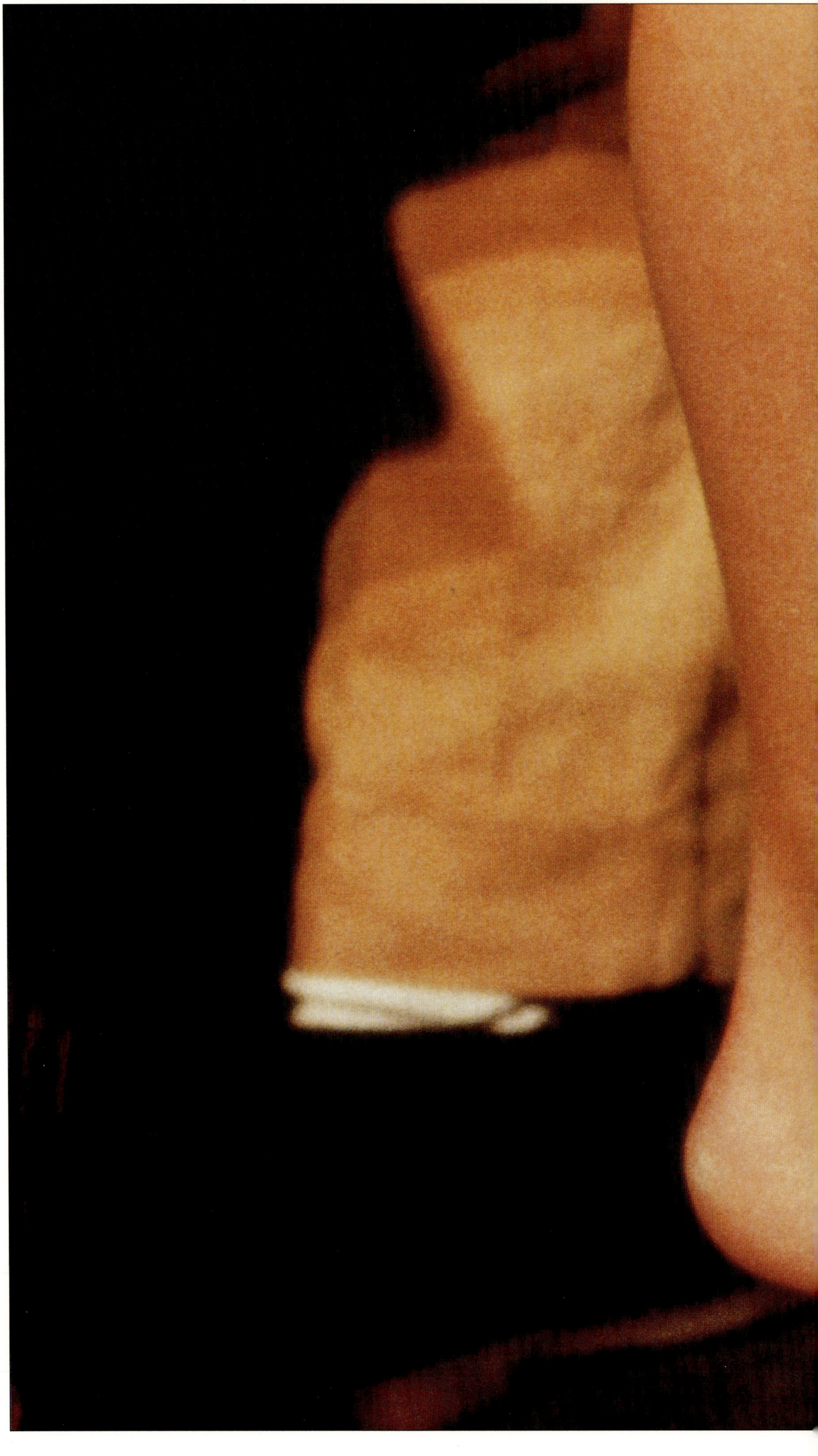

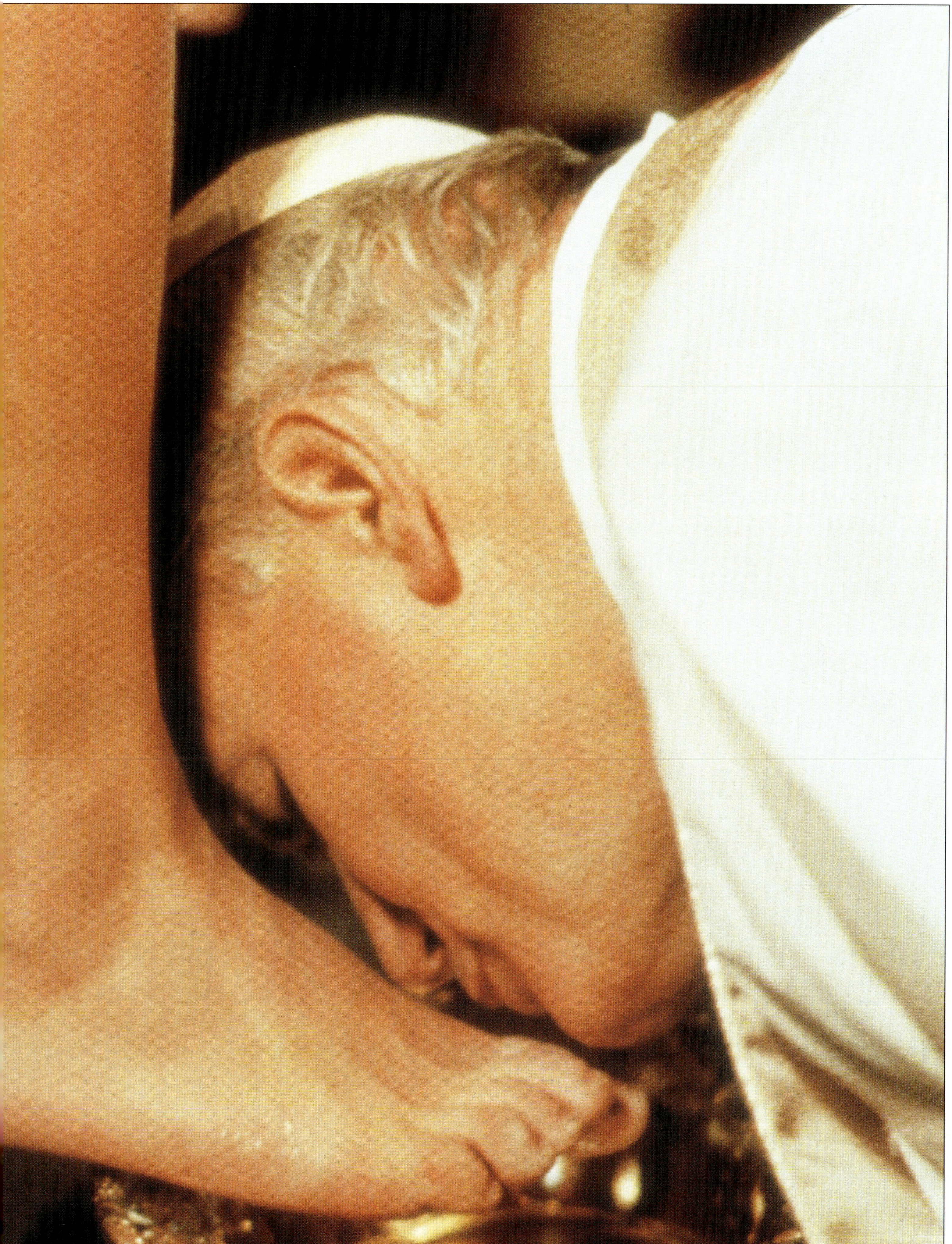

Gottes gilt für alle Zeiten: den Menschen anschauen bedeutet, etwas vom Antlitz Gottes zu erblicken. Denn er hat »eine echte Verwandtschaft mit Gott«. Dies gilt nicht nur für Christen, sondern für alle Menschen: »Jeder ist vom Geheimnis der Erlösung betroffen, mit jedem ist Christus für immer durch dieses Geheimnis verbunden.«

Für Johannes Paul II. ergibt sich aus dem Wissen um diese durch Jesus Christus unzerstörbar gewordene Würde des Menschen mit logischer Konsequenz der zentrale Auftrag der Kirche: Ihr muß es »um jeden Menschen in all seiner unwiederholbaren Wirklichkeit« gehen. »Der Mensch in seiner Einmaligkeit – weil er ›Person‹ ist – hat seine eigene Lebensgeschichte und vor allem eine eigene Geschichte seiner Seele.« Sein Lebensweg ist aber auch von den »zahlreichen und so verschiedenen Bedürfnissen seines Leibes« bestimmt, wie er auch als soziales Wesen auf Gemeinschaft bezogen ist. Dieser Mensch, der also vom Papst in ganzheitlicher Weise als Einheit von Seele, Geist, Leib und mitmenschlicher Beziehung gesehen wird, ist für ihn »der erste und grundlegende Weg der Kirche«.

Maßstab ist die Menschenwürde

Die Würde des Menschen, die in der göttlichen Schöpfungsordnung grundgelegt und durch die Menschwerdung Gottes in Jesus Christus trotz aller menschlichen Sündhaftigkeit als unantastbar besiegelt worden ist, kann als der gedanklich-gläubige Ausgangspunkt für alle wesentlichen Lehräußerungen Johannes Pauls II. angesehen werden. Sie dient dem Papst zum einen als Meßlatte, mit der er individuelle und gesellschaftliche Phänomene analysiert und bewertet. Zum anderen entwickelt er aus der in so spezifischer Weise schöpfungs- und heilsgeschichtlich grundgelegten Menschenwürde sein sittliches Konzept.

Am Beispiel einiger Aspekte seiner Soziallehre soll dies skizzenhaft belegt werden. In seiner Sozialenzyklika SOLLICITUDO REI SOCIALIS vom 30. Dezember 1987 nimmt Johannes Paul II. unter anderem eine »theologische Analyse der heutigen Wirklichkeit« vor. Das Ergebnis zeigt sich für den Papst angesichts des »Grabens zwischen dem sogenannten entwickelten Norden und dem unterentwickelten Süden« als ein »enttäuschendes Gesamtbild«. Eine solche Beurteilung ist – für sich genommen – durchaus nicht überraschend. Auch von einer anderen weltanschaulichen Warte aus wird man einen ähnlichen Eindruck gewinnen können. Spezifisch für Johannes Paul II. ist jedoch die Art und Weise, wie er seine Analyse vornimmt: »Ohne mich in eine Analyse von Zahlen oder Statistiken einzulassen, genügt es, die Wirklichkeit einer unzähligen Menge von Männern und Frauen, Kindern, Erwachsenen und alten Menschen, von konkreten und einmaligen menschlichen Personen also, zu sehen, die unter der unerträglichen Last des Elends leiden. ... Angesichts dieser Dramen von völligem Elend und größter Not, in denen so viele unserer Brüder und Schwestern leben, ist es der Herr Jesus Christus selbst, der an uns appelliert.«

Not und Elend lassen sich für ihn nicht in anonyme Zahlen fassen; es sind immer ganz bestimmte Menschen, »Brüder und Schwestern«, mit ihrer unverwechselbaren Lebensgeschichte und ihrem einmaligen Geschick, von denen der Papst spricht und mit denen er sich solidarisch erklärt.

Auch die menschliche Arbeit wird von diesem Maßstab der Menschenwürde aus bewertet. In seiner Enzyklika LABOREM EXERCENS vom 14. September 1981 schreibt der Papst: »Zweck der Arbeit, jeder vom Menschen verrichteten Arbeit – gelte sie auch in der allgemeinen Wertschätzung als die niedrigste Dienstleistung, als völlig monotone, ja als geächtete Arbeit –

Wohin er auch geht auf seinen weiten apostolischen Wanderungen in alle Winkel der Welt – der polnische Pilgerpapst macht keinerlei Unterschiede zwischen Armen und Reichen, Mächtigen und Machtlosen, Schwarzen und Weißen. Die Menschen spüren das, und sie registrieren es besonders aufmerksam, wenn er statt in die Paläste der Großen in die kargen Hütten der Unterprivilegierten einkehrt

bleibt letztlich immer der Mensch selbst.« Es bedarf nicht viel Phantasie, um sich auszumalen, welche Konsequenzen aus dieser Feststellung des Papstes etwa für den Umgangsstil von Vorgesetzten gegenüber ihren Untergebenen zu ziehen sind.

Unmißverständlich wird auch die Kirche vom Papst in die Pflicht genommen. Sie muß sich für eine »vorrangige Option für die Armen« entscheiden, die freilich – auch dies ist Konsequenz des von Johannes Paul II. so pointiert vertretenen Menschenbildes – »nie andere Gruppen ausschließt oder diskriminiert«. Denn »es handelt sich um eine Option, die nicht nur für die materielle Armut gilt, da bekanntlich besonders in der modernen Gesellschaft viele Formen nicht bloß wirtschaftlicher, sondern auch kultureller und religiöser Armut anzutreffen sind.« Der Papst denkt in diesem Zusammenhang konkret an die Armut von Randgruppen, von alten und kranken Menschen, von Flüchtlingen und Emigranten, aber nicht zuletzt auch an die »Opfer des Konsumismus«.

Beim Umgang mit den wirtschaftlichen Gütern kann es nicht darum gehen, sie »wahllos« zu besitzen. Ihr Gebrauch muß vielmehr die »göttliche Ebenbildlichkeit des Menschen« und »seine Berufung zur Unsterblichkeit« berücksichtigen. Ansonsten besteht die »Versuchung zum Götzendienst«, die zu einer »ausschließlichen Gier nach Profit » und dem »Verlangen nach Macht mit dem Vorsatz, anderen den eigenen Willen aufzuzwingen«, verleiten kann.

Aber nicht nur einzelne Personen, sondern auch »Nationen und Blöcke« können dieser »doppelten sündhaften Haltung« von Profit- und Machtgier verfallen. Der Papst unterzieht in diesem Zusammenhang weltpolitische Gegebenheiten unserer Tage einer geradezu vernichtenden Kritik: »Wenn man gewisse Formen eines modernen ›Imperialismus‹ im Licht dieser moralischen Kategorien betrachten würde, könnte man entdecken, daß sich hinter bestimmten Entscheidungen, die scheinbar nur von Wirtschaft oder Politik getragen sind, wahrhafte Formen von Götzendienst verbergen: gegenüber Geld, Ideologie, Klasse oder Technologie.«

Derartige Fehlentwicklungen charakterisiert der Papst als »Strukturen der Sünde«, die er aber wiederum nicht als anonyme Größe sieht, sondern von seinem personalistischen Menschenbild her bewertet: Sie sind »die Frucht vieler Sünden« und hängen »mit konkreten Taten von Personen« zusammen.

Aus dieser Beurteilung ergibt sich für den Papst der Ansatzpunkt für eine positive Veränderung: Eine Verbesserung der gesellschaftlichen Verhältnisse auf nationaler wie auch auf internationaler Ebene läßt sich nur erzielen, wenn sich der einzelne Mensch ändert und im Verbund mit den anderen menschlichere Lebensbedingungen herbeiführt.

In seinen Dokumenten und Reden, aber auch in seinen Begegnungen versucht Johannes Paul II. deshalb immer wieder, die Menschen auf ihre konkrete Verantwortung aufmerksam zu machen. Jüngstes Beispiel dafür ist seine Predigt im Luneta Park von Manila. Dort zählte er geradezu litaneiartig etliche Berufsgruppen auf und erinnerte sie an ihre Rolle für eine Verbesserung der Welt. Musiker und Lehrer, Künstler und Politiker, Filmemacher und Richter – die Liste ließe sich beliebig fortsetzen – werden von Johannes Paul II. aufgerufen, sich in ihrem jeweiligen Wirkungsfeld für eine der Würde des Menschen entsprechende Welt zu engagieren.

Für Johannes Paul II. ist aber der Einsatz für eine bessere Welt nicht nur eine Frage der guten Absicht oder des richtigen Know-how, sondern in erster Linie ein höchst

»Bunte Luftballons für das Leben« ließen Gläubige auf dem Petersplatz steigen, als der Papst am Weihnachtstag 1984 den vielsprachigen Segen »Urbi et orbi – der Stadt und dem ganzen Erdkreis« erteilte. Diese optimistische Inszenierung lebensbejahender Fröhlichkeit war sowohl Protest gegen jede Bedrohung menschlicher Existenz wie auch eine Demonstration der Freude am gemeinsamen Glauben. Wer die Mentalität des polnischen Volkes kennt, weiß um die Freude des Heiligen Vaters an derlei bunten Bildern

spiritueller Vorgang, der sich in der personalen Begegnung mit dem »Erlöser des Menschen« vollzieht. Geradezu flehentlich rief er deshalb den vier Millionen im Luneta Park zu: »Versucht es doch, versucht es doch, mit Christus zu leben!«

Anmerkungen zur Sexualmoral des Papstes

Es ist keine Frage: Auch bei anderen Themenkomplexen – etwa bei Fragen der Ökumene und des interreligiösen Dialogs, bei der Charakterisierung christlicher Mission oder der Bewertung der Familie – entwickelt der Papst seine Position mit Hilfe seines ganzheitlichen Menschenbildes. So ist seine so heftig umstrittene Sexualmoral, ganz im Gegensatz zum Eindruck, den eine verkürzende Berichterstattung hinterläßt, alles andere als leibfeindlich. Denn die ganzheitliche Sichtweise des Papstes läßt eine Verachtung des Leiblichen nicht zu: Untrennbar mit den geistigen und seelischen Fähigkeiten und Bedürfnissen des Menschen sind die »zahlreichen und so verschiedenen Bedürfnisse seines Leibes« verbunden. Eines dieser leiblichen Bedürfnisse ist ohne Frage auch die Befriedigung des Sexualtriebs. Sexualität bezeichnet Johannes Paul II. gegen so manche Prüderie, die aus dem 19. Jahrhundert bis in unsere Tage hineinragt, als ein »großes Geschenk«. Allerdings muß dieser Trieb so durch den Menschen geordnet werden, daß das sensible Gefüge von Geist-Seele, Leib und Sozialbezug nicht zerstört wird. Bereits vor seiner Wahl zum Papst schrieb Karol Wojtyla: »Die geschlechtliche Lust zu genießen, ohne jedoch die Person als ein Lustobjekt zu behandeln, darum geht es im Grunde in der Sexualethik.«

Auch die Sexuallehre Johannes Pauls II. ist Ergebnis großer intellektueller Redlichkeit und vor allem spiritueller Tiefe. Auch wenn man nicht immer zustimmen mag, etwa bei der so deutlich unterschiedlichen Bewertung künstlicher und natürlicher Methoden der Familienplanung, sind die teilweise rüden Verunglimpfungen des Papstes völlig verfehlt. Inzwischen mehren sich übrigens innerhalb der Frauenbewegung die Stimmen, die sich gegen »männliche« Verhütungstechniken richten. Folgendes Zitat der deutschen Frauenrechtlerin Alice Schwarzer mag dies belegen: »Früher konnten Frauen sich aus Prüderie oder Angst vor unerwünschten Schwangerschaften wenigstens weigern, wenn sie keine Lust hatten, heute haben sie dank Aufklärung und Pille zur Verfügung zu stehen.« Parallelen zu Äußerungen des Papstes sind – wenn auch nicht gewollt – unverkennbar. Im übrigen ist der quantitative Umfang päpstlicher Äußerungen zum Thema Sexualität weitaus geringer, als es die auf Reizthemen angewiesene Berichterstattung mancher Medien glaubhaft machen möchte.

Der Sendungsauftrag des Papstes

Der unermüdliche Einsatz des Papstes bis ins durch Verletzung und Krankheit gekennzeichnete Alter resultiert – so muß es einem außenstehenden Beobachter erscheinen – aus einem sehr persönlich empfundenen Sendungsauftrag. Vielen Menschen in der westlichen Welt ist die personale Begegnung mit Jesus Christus fremd und unverständlich geworden. Der kalte Gegenwind, den Johannes Paul II. in unseren Breiten bisweilen zu spüren bekommt, dürfte ein Kennzeichen dieses geistesgeschichtlichen Phänomens sein. Der Papst indes kann daraus ableiten, daß sein Engagement dringend gebraucht wird. Vielleicht erinnert sich der inzwischen betagte Völkerpapst von Zeit zu Zeit an den Völkerapostel Paulus, den er in seiner Antrittsenzyklika zitiert: »Durch die Gnade Gottes bin ich, was ich bin, und sein gnädiges Handeln an mir blieb nicht ohne Wirkung.«

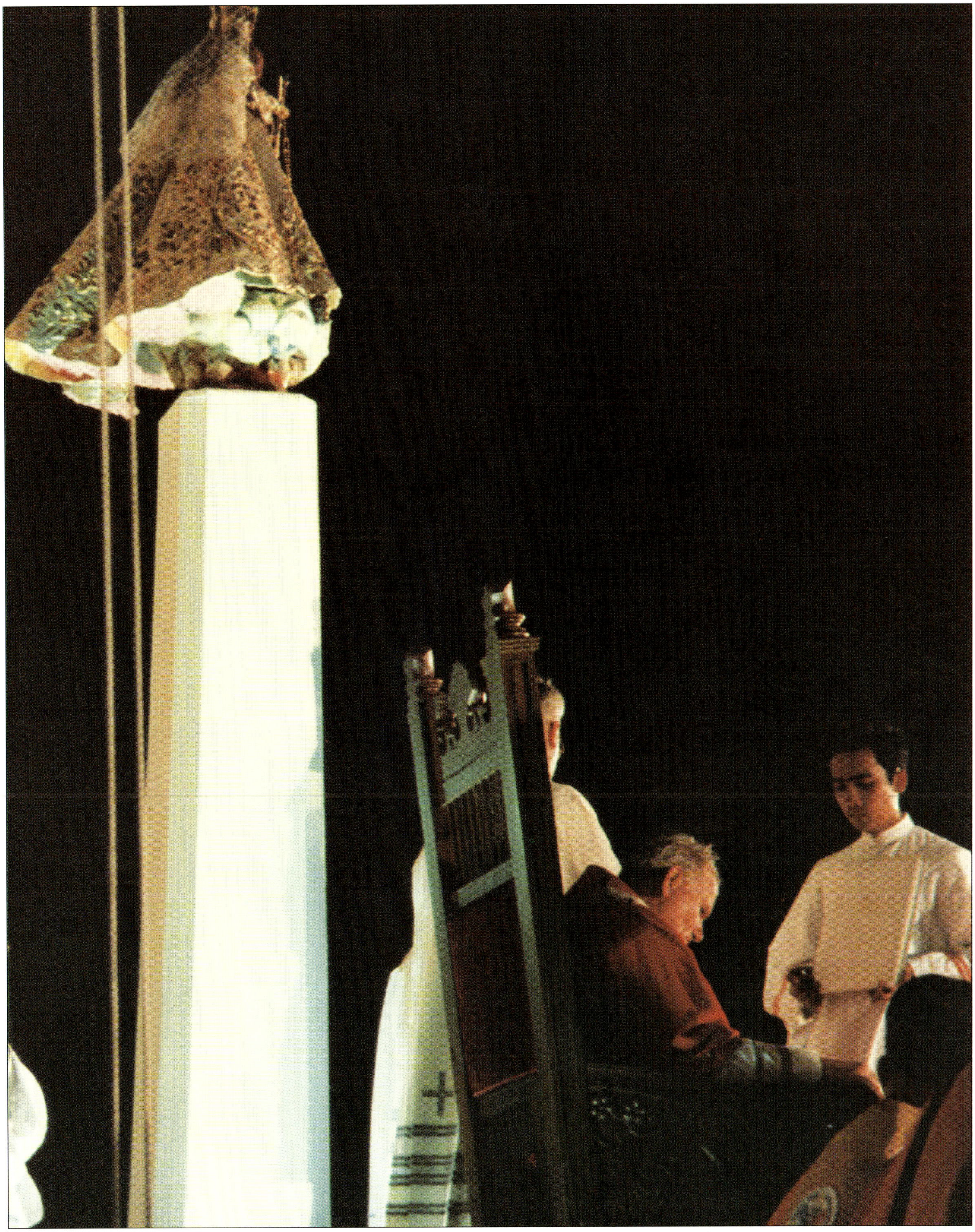

Die Erschöpfung eines Menschen, der in mehr als 15 Jahre währender Amtszeit seine Kräfte nie geschont hat. Psychisch und physisch verzehrt sich Johannes Paul II. während seines Pontifikats in der Sorge um den Zustand der Welt und seiner Kirche an der Schwelle zum Jahr 2000. Erstaunlich ist, daß der Papst sich immer wieder rasch erholt

Das Drama auf dem Petersplatz

Die Welt hält den Atem an, als Johannes Paul II. am 13. Mai 1981 auf dem Petersplatz, von mehreren Schüssen getroffen, auf dem Rücksitz seines Fahrzeugs in die Arme des polnischen Privatsekretärs und engen Vertrauten Stanislaw Dziwisz sinkt. Der türkische Rechtsextremist Ali Agca hat den Papst lebensgefährlich verwundet. Der Bulgare Ivanov Antonov (im Kreis, mit Brille) wird mit dem Attentat in Verbindung gebracht. Ali Agca – wer seine Hinterleute sind, wird nie geklärt – ist bald dingfest gemacht (rechte Seite oben). Das Opfer, der Papst, hat in der Klinik und noch viele Monate danach (Eingeweihte sagen bis heute) mit den Folgen der Pistolenschüsse zu kämpfen. Aber im Gefängnis verzeiht er dem Attentäter, der zu lebenslanger Haft verurteilt ist

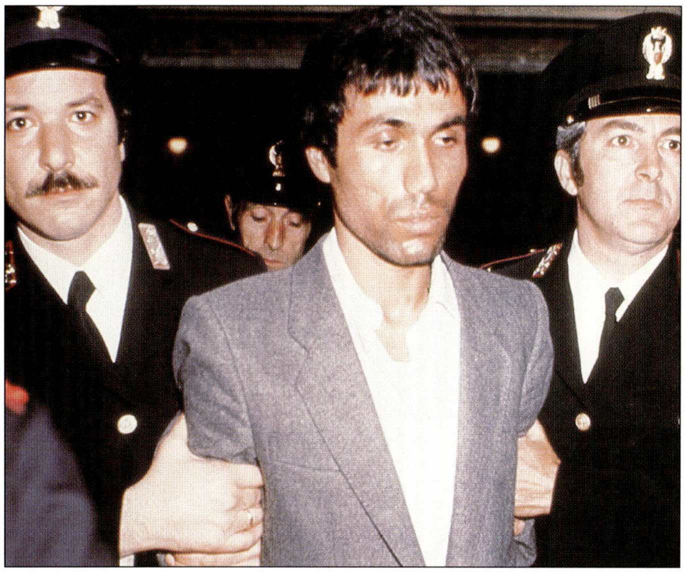
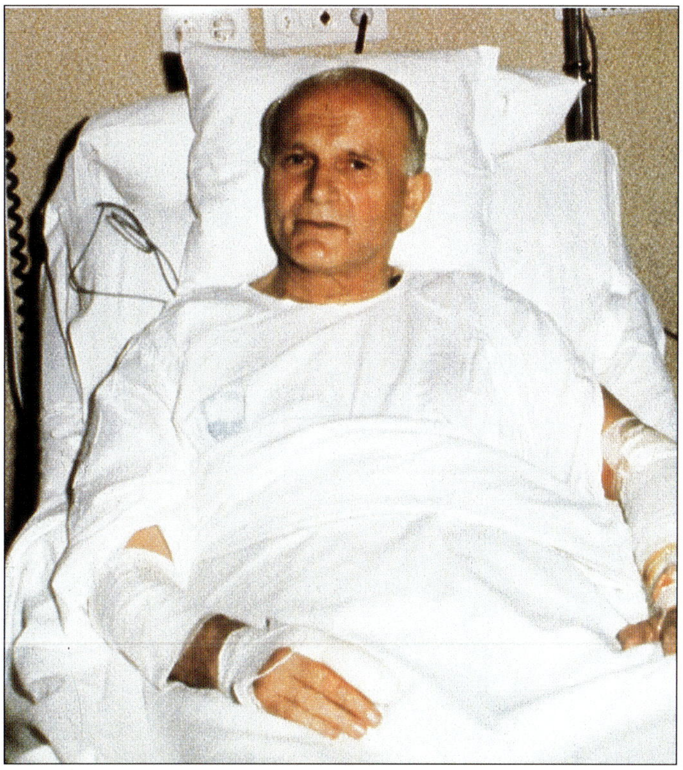
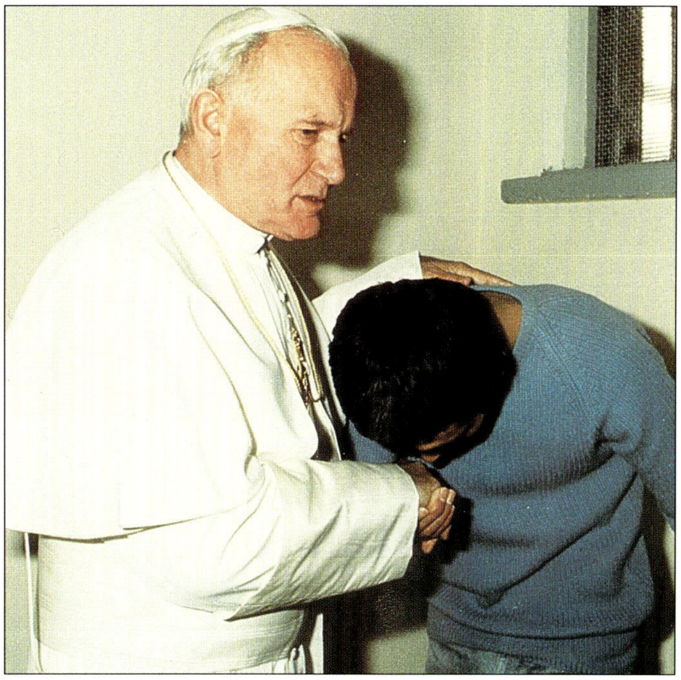

Johannes Paul II. wird die große Gabe nachgesagt, aufmerksam und mitfühlend zuhören zu können. Schon als junger Priester unter polnischen Arbeitern in Nordfrankreich und Belgien, später im eigenen Land, wo die Christen verfolgt werden, lernt er, diese Gabe zu schulen. Auch im hohen römischen Amt hat er sie nicht verloren

Der Papst unter dem Kreuz in der Sixtinischen Kapelle, der päpstlichen Hauskapelle im Vatikan, die unter Sixtus IV. im letzten Viertel des 15. Jahrhunderts erbaut wurde. Berühmt wurde sie durch die Fresken aus dem Alten und dem Neuen Testament. Von Michelangelo stammt das »Jüngste Gericht« über dem Altar (1535–41)

Ein Herz für die Familie

Mit besonderer Herzlichkeit empfängt Johannes Paul II. junge Familien. Zwar ist es keineswegs allein christliches Gedankengut, daß ein intaktes Familienleben von größter Wichtigkeit für die Kinder ist. Der Papst und seine Kirche aber halten sich nicht bei dieser Erkenntnis auf. Ihre Lehre gibt den Fragen um Liebe, Ehe, Familie breiten Raum – nicht immer unter dem Beifall liberaler oder antikirchlicher Kritiker. Doch der Papst geht einen konsequenten Weg, den er schon zuhause in Polen, als junger Priester Karol Wojtyla, mit sehr konkreten Ratschlägen zu diesem Problemkreis beschritten hat

Hirtendienst im Zeichen des Kreuzes – so versteht Johannes Paul II. sein Amt, und so tritt er grüßend und segnend den Menschen entgegen, denen er auf seinem Weg in Rom oder auf den Kontinenten begegnet. Das Bildnis des Gekreuzigten trägt auch sein Hirtenstab. So soll deutlich werden, daß Jesu Christi Opfer den Menschen die Erlösung bringt. Die Fotos vermitteln den Eindruck, daß der Wojtyla-Papst die Kraft für sein anstrengendes Amt vor allem durch eine sehr persönlich erlebte Begegnung mit dem Gekreuzigten gewinnt. Es scheint, als zähle er zu den wenigen wirklich großen spirituellen Persönlichkeiten unserer Zeit

Wenn Johannes Paul II. sich immer wieder sehr spontan und herzlich den Kindern zuwendet, wie hier in Afrika, so ist das weit mehr als die etwa unter Politikern übliche populistisch-fotogene Geste. Aus unzähligen Äußerungen wissen wir, daß seine tiefe Sorge den Kleinsten gilt, die in eine aus den Fugen geratene Welt hineinwachsen müssen. Diese Welt zum Positiven zu wenden, ihr Frieden und Brot zu schenken – auch dafür reist Johannes Paul II. in alle Welt

Es scheint, als zähle er zu den wirklich großen spirituellen Persönlichkeiten unserer Zeit ... Auch auf dieses Bild läßt sich die Feststellung eines jungen deutschen Theologen anwenden. Dabei ist diese Spiritualität nicht nur durch eine oft kindlich erscheinende Frömmigkeit bestimmt. Johannes Paul II., der sich 1953 an der Universität Lublin mit einem Thema zur Entstehung der katholischen Ethik habilitierte, hat sich neben aller praktischen Aktivität, die sein Leben äußerlich bestimmte, stets intensiv mit theologischen und philosophischen Fragen beschäftigt

Zieh' mich an den Ohren

Mit besonderer Freude, die sich manchmal zu sichtbarer Rührung steigert, empfängt der Heilige Vater Besucher aus seinem Heimatland Polen. Er tritt ihnen mit unbekümmerter Spontaneität entgegen. In solchen Augenblicken ist er nicht mehr der scheinbar entrückte Nachfolger Petri, sondern ganz Landsmann unter Landsleuten. Das empfand auch Pfarrer Wojciech Mroszczak aus Boleslawiec/Bunzlau, der alten Töpferstadt in Niederschlesien, ein Freund des Herausgebers dieses Bandes. Pfarrer Mroszczak reiste 1992 mit einer Gruppe seiner Pfarrei nach Rom und bat Johannes Paul II. in der Privataudienz: »Zieh' mich an den Ohren, Heiliger Vater, weil ich nicht immer ganz brav bin.« Der Papst tat es prompt – sehr zum Vergnügen der beiden Schwestern des Priesters, Aleksandra und Stanislawa (rechts von ihm). Mit dem Oberhaupt der katholischen Kirche verbindet den energischen Seelsorger aus der polnisch-schlesischen Provinz einiges: Beide stammen aus den Karpaten, beide wuchsen in einfachen Verhältnissen auf, und der Privatsekretär des Papstes, Stanislaw Dziwisz, war ein Schulfreund von Wojciech Mroszczak am Städtischen Gymnasium in Nowy Targ

Szenen aus der polnisch-schlesischen Provinz, Bilder aus der alten Boberstadt Boleslawiec/Bunzlau. In der gotischen Stadtpfarrkirche St. Marien hängen – wie in allen katholischen Kirchen Polens – die Bilder der »Schwarzen Madonna von Tschenstochau« und des 1982 von Johannes Paul II. heiliggesprochenen Franziskanerpaters Maximilian Kolbe, der in Erinnerung an die mörderische Schreckensherrschaft der Deutschen zum polnischen Nationalheiligen wurde (siehe Seite 93). Auch ein Bild des Papstes fehlt nicht in den Kirchen des östlichen Landes. An die deutsche Zeit erinnert das Foto vom Bunzlauer Marktplatz (Zustand Januar 1995), der – überragt von der alten Marienkirche – durch polnische Fachleute liebevoll restauriert wurde

Pfarrer Wojciech Mroszczak, der vom Papst so väterlich am Ohr gezupft wurde, kam 1946 in dem Dorf Gronkow in der Hohen Tatra zur Welt und studierte in Wroclaw/Breslau Theologie, ehe er 1971 zum Priester geweiht wurde. In Boleslawiec/Bunzlau war er zunächst Kaplan an der Stadtpfarrkirche St. Marien, erfüllte von dort aus aber den Auftrag seiner Oberen, am Stadtrand eine neue Pfarrei aufzubauen. Die Kirche (auf dem Bild oben mit dem Pfarrhaus) wurde den »Slawenaposteln« Kyrillos und Methodios geweiht. Seit 1988 ist Wojciech Mroszczak ihr Pfarrer. Den Papst als Person und die Kirche als Institution stuft er über seine Funktion als Theologe und Priester hinaus sehr hoch ein: Sie sind im armen und unruhigen Polen der postkommunistischen Ära ruhende Pole, an denen die Menschen sich orientieren können. Die Bilder der »Schwarzen Madonna« und Maximilian Kolbes fehlen auch in dieser Bunzlauer Kirche nicht. Pfarrer Mroszczak führt ein offenes Haus und kümmert sich insbesondere um die Jugend. »Wohin soll sie denn sonst, wenn nicht zu mir!« sagt er

Die Last des hohen Amtes

Aus aller Welt strömen die Gläubigen herbei, um mit dem Papst im Petersdom zu Rom das Meßopfer zu feiern. In den letzten Jahren erleben sie – und viele Millionen Fernsehzuschauer mit ihnen – einen alternden Mann, dem Krankheit, ein lebensbedrohendes Attentat und rastlose Tätigkeit sichtbar zugesetzt haben. Die Bürde des hohen Amtes, in schwieriger Zeit die Kirche über die Schwelle des nächsten Jahrtausends zu führen, hat ihre Spuren hinterlassen. Doch Johannes Paul II. versteht es immer wieder, ungeahnte Reserven zu mobilisieren. Schon als junger Mann bewies er, wie Weggefährten versichern, eine unbeugsam tapfere Zähigkeit. Seine Selbstdisziplin befähigt ihn, gesundheitliche Rückschläge in kürzester Zeit zu überwinden

Johannes Paul II. besitzt, wie kaum ein anderer Papst der neueren Zeit, die Fähigkeit, auch bei zufälligen Begegnungen spontan auf die Menschen zuzugehen und sich ihre Alltagssorgen anzuhören. Dieses Zusammentreffen mit Bergbauern in Oberitalien beweist es. Zu den Menschen des Gebirges mit ihrem oftmals harten Leben hat er seit der Jugendzeit eine tiefe Beziehung

Rainer A. Krewerth

Was macht der Papst am Donnerstag?

Wenn er über die Schwelle seiner Wohnung tritt, wird er wieder zum einfachen Priester und will behandelt werden wie jeder andere auch. So sagt ein enger Vertrauter über den Papst. Im harten Arbeitsalltag, auf kurzen Ferienreisen und an familiären Festtagen ist er am liebsten Mensch unter Menschen und findet stets den richtigen Ton.

Was macht der Papst am Donnerstag, an einem ganz normalen Werktag im Vatikan? Wie lebt er in seiner Wohnung? Wann steht er auf, wann geht er zu Bett? Was kommt auf den Tisch, was ißt er gern? Wer sorgt überhaupt für ihn, wer pflegt seine Gemächer, seine Garderobe? Wann arbeitet, wann betet er? Und wie verbringt er seine Abende?

Bogumil Lewandowski, päpstlicher Prälat aus Polen, zeichnet 1993 in seiner Antwort auf diese handfest-pragmatischen Fragen das Bild eines Menschen mit streng geregeltem Tageslauf. Freunde erinnern sich, daß Karol Wojtyla, geprägt von seinem militärerprobten Vater, schon in der Jugend eiserne Selbstdisziplin übte. Der Lebensstil des höchsten Würdenträgers der katholischen Kirche ist bescheiden und von minutiöser Pflichterfüllung.

Aber nicht nur die Schlichtheit in den äußeren Dingen des Alltags hat Johannes Paul II. aus Polen mitgebracht. Fünf Ordensfrauen aus seinem Heimatland, die Schwestern Euphrosyna, Fernanda, Germana, Matilda und Oberin Tobiana vom Orden des Heiligen Herzens Jesu, sorgen dafür, daß der Papst mitten in Rom immer wieder an die Traditionen seiner östlichen Landsleute erinnert wird, zum Beispiel an hohen Festtagen wie Weihnachten.

Die Wohnung des Heiligen Vaters liegt in den oberen Etagen des Apostolischen Palastes, rechts vom Petersplatz hinter den Kolonnaden des barocken Baumeisters Gian Lorenzo Bernini. Gleich nebenan hat das Staatssekretariat seine Räume.

Prälat Lewandowski erzählt: »Der Papst ist das Oberhaupt der katholischen Kirche, ist gleichzeitig aber auch Chef des Vatikanstaats. In der Öffentlichkeit muß er auftreten und handeln wie ein echter Souverän, aber im Privatleben ist er ein sehr einfacher Mann. Wenn er über die Schwelle seiner Wohnung tritt, wird er wieder zum einfachen Priester und will behandelt werden wie jeder andere auch.«

Wie leben die polnischen Schwestern, wie lebt Johannes Paul II. in der päpstlichen Wohnung? »Als wären sie«, antwortet der Prälat, »in einer wirklich familiären Situation«. Der Heilige Vater ist der Haushaltsvorstand. Er hat höchste Achtung vor der Familie, denn er weiß, wie bitter es ist, ein Waise zu sein. Als er neun Jahre alt war, verlor er seine Mutter Emilia. Sie starb mit fünfundvierzig an Nierenversagen. Er war zwölf, als sein einziger Bruder starb. Edmond, der Arzt, wurde nur 26 Jahre alt. Und als der junge Karol einundzwanzig war, verlor er auch noch seinen Vater. Karol senior war mit 60 Jahren ebenfalls verhältnismäßig jung. Diese Perioden tiefer Trauer prägten den späteren Papst. Von nun an würde er stets darunter leiden, keine Familie mehr zu haben.«

Nachdenklich und mitfühlend fährt Bogumil Lewandowski fort: »Aus diesem Grund suchte er als Priester, als Bischof, als Kardinal – und wo immer er tätig war – die Nähe liebevoller und fürsorglicher Menschen, um mit ihnen wieder eine Familie aufzubauen. Und das blieb auch so, als er Papst geworden war. Seine Privatwohnung ist kein Ort bürokratischer Vorschriften und kleinlicher Regulierungen, sondern ein echtes Zuhause.« Es darf ergänzend hinzugefügt werden: ein Heim mit menschlichem Maß, in dem – neben aller Disziplin – Wärme, Geborgenheit, nachsichtige Güte und gegenseitiges Verständnis die Atmosphäre bestimmen.

Wie sieht die päpstliche Wohnung aus? Sie besteht aus rund 20 Zimmern, unterscheidet sich aber in vielerlei Hinsicht von der repräsentativen Herrlichkeit großartiger Paläste. Wiederum Bogumil Lewandowski: »Das

Schlafzimmer Johannes Pauls II. ist der kleinste Raum und hat die ärmliche Kargheit einer Mönchszelle.« Luxus ist selbst hier, im vielköpfigen Haushalt eines der wichtigen Männer unserer Tage, ein wenig geliebtes Fremdwort. Ganz offenkundig hat der Papst seinen Lebensstil seit der Jugend in Wadowice kaum geändert – und kaum ändern wollen. Nach gründlichen Recherchen schrieb der Autor dieser Zeilen Ende 1978/Anfang 1979 in einer der ersten Papst-Biographien über Kindheit und Jugend des Karol Wojtyla: »Er lebt diszipliniert, geistig wie körperlich. Der Vater, heißt es, schickt ihn mitunter ins ungeheizte Zimmer, damit er sich abhärte. Das ist keineswegs so schrecklich brutal, wie es heute aussieht... Es erinnert ein wenig an mönchische Enthaltsamkeit.«

Und wie sieht – fünf oder sechs Jahrzehnte später, nahe der hochragenden Kuppel von Sankt Peter – der Tagesablauf des Polen aus Wadowice aus? Sein Vertrauter Lewandowski muß nicht lange mit der Antwort zögern: »Zwischen halb sechs und sechs in der Frühe wacht der Papst auf. Er macht einige Gymnastikübungen und geht dann ins Bad, um zu duschen. Um sieben Uhr feiert er das Meßopfer. Anschließend geht er in sein Arbeitszimmer und bleibt dort bis elf, um die täglichen Angelegenheiten seines Amtes zu besorgen. Dann geht er hinunter zu den Privataudienzen. In der Zwischenzeit räumen die Schwestern auf, putzen und bereiten das Mittagessen vor. Sie wissen, daß der Papst nicht gern allein ißt, und so kochen sie genug, damit sie auch in letzter Minute für alle aufdecken können, die am gemeinsamen Mahl teilhaben sollen.«

Die Nonnen sind selbstverständlich nicht ausgeschlossen, die Sekretäre nicht und eben auch nicht gelegentliche Überraschungsgäste. In polnischen Familien, in Pfarrhaushalten, bei Arbeitern und Intellektuellen, Offizieren und Politikern hat der Herausgeber dieses Buches solche überschwenglich-spontane Gastgeberschaft erlebt: Gieß' Wasser zur Suppe, heiß' alle willkommen; das urchristliche Prinzip des selbstverständlichen Teilens und Gebens.

Aber was kochen die Schwestern für den Papst? »Einfache Gerichte«, sagt der Prälat. »Karol Wojtyla bevorzugt die traditionelle polnische Küche, schätzt aber auch italienische Gerichte.«

Was tut der Papst nach dem Mittagessen? »Eine halbe Stunde ruht er in seinem Arbeitszimmer im Lehnstuhl, während die Schwestern den Tisch abräumen, genau so, wie es in vielen Familien geschieht. Dann geht er hinaus auf die überdachte Terrasse und betet, auf und ab wandelnd, eine Stunde lang. Er kehrt zurück ins Arbeitszimmer, bis er gegen 18.30 Uhr die Direktoren des Staatssekretariats empfängt. Um 20 Uhr ißt er zu Abend.«

Johannes Paul II. ist gleichzeitig Frühaufsteher wie Nachtarbeiter. Nach dem Abendbrot, berichtet sein Landsmann, zieht er sich zurück, um die Dokumente zu studieren, die er vom Staatssekretariat bekommen hat, beantwortet Briefe von Freunden, liest italienische und internationale Zeitungen und telefoniert. »Dazu benutzt er sein ›Weißes Telefon‹, um sich mit wichtigen Mitarbeitern und Freunden zu besprechen. Gegen 22.45 Uhr zieht er sich zum Gebet zurück, und erst nach 23.30 Uhr erlischt das Licht in seinem Schlafzimmer.«

Vom Morgengrauen also bis fast Mitternacht ist der Papst aktiv; Arbeit und Gebet an seinem Siebzehnstundentag werden nur von kurzen Pausen unterbrochen, und selbst die Mahlzeiten sind häufig genug so etwas wie Arbeitsessen, zumindest aber Gelegenheiten, wichtige Kontakte zu pflegen. Jedenfalls war das noch 1993 so. Wie es seitdem im Alltag des Heiligen Vaters aussieht, sagt niemand genau.

»The Pope´s Angels«

Eine große französische Bildagentur, GAMMA aus Paris, erhält im Februar 1993 die Erlaubnis zu einem Fototermin in den persönlichen Gemächern des Papstes. Sie liegen nördlich des Petersplatzes, den Gian Lorenzo Bernini, einer der bedeutendsten Künstler des Barock, seit 1656 gestaltete und mit den vielgerühmten vierfachen Kolonnaden versah. GAMMA nutzt die Gelegenheit zu einer weltweit verbreiteten exklusiven Reportage: »Das Fotoalbum der Frauen, die das Privatleben von Johannes Paul II. betreuen«. In der saloppen Journalistensprache werden die fünf polnischen Nonnen vom Orden des Heiligsten Herzens Jesu als »The Pope's Angels« bezeichnet – als »Die Engel des Papstes«. Voller Hochachtung berichten die Reporter von der Fürsorge, aber auch der Perfektion, mit der die Ordensfrauen ihren Landsmann umsorgen – und von der Dankbarkeit, die ihr prominenter Schützling ihnen entgegenbringt

Eingeweihte wie etwa Kardinal Joseph Ratzinger weisen aber auf die starke Willenskraft des Krankgesagten hin und auf die gute Konstitution, die er Anfang des Jahres 1995 auf seiner großen Reise trotz aller Behinderung gezeigt habe.

Wenige Wochen, bevor Prälat Lewandowski die Fragen nach dem Alltag Johannes Pauls II. beantwortete, war im päpstlichen Haushalt das Weihnachtsfest gefeiert worden, das »Familienfest schlechthin«, wie der Interviewer feststellt, als er fragt: »Und wie hat Johannes Paul II. das Fest verbracht?« Die Antwort: »Unter gewissenhafter Beachtung der polnischen Tradition. Die Schwestern haben die Wohnung geschmückt und in jedes Zimmer, auch in das Arbeits- und das Schlafzimmer, kleine Weihnachtsbäume gestellt, auf polnisch ›Choinka‹, und dazu eine Krippe. Am Abend des 24. Dezember gibt es das typische Heiligabendessen, polnisch ›Wieczerza wigilijna‹. Die Feier beginnt um 20 Uhr. Alle, die zum Haushalt gehören, versammeln sich im Speisezimmer. Das Haupt der Familie liest das Evangelium, die Geschichte von Jesu Geburt, hält dann eine kurze Ansprache mit persönlichen Erinnerungen und dem Gedenken an nahe Freunde und Verwandte, die im Laufe des Jahres gestorben sind, und bittet die Anwesenden, einander Fehler und Versäumnisse zu vergeben und zu vergessen. Es wird weißes Brot gebrochen und verteilt. Das ist ein sehr bewegender Augenblick. Alle tauschen unter Umarmungen und Küssen gute Wünsche aus.«

Im Westen werden gerade diese Umarmungen und Küsse, wie sie in Polen und vielen anderen östlichen Ländern üblich sind, gern belächelt, zumindest oftmals verständnislos betrachtet. Dabei drücken sie Brüderlichkeit, herzlichen Empfang, freundschaftliche Aufnahme aus. »Vielleicht«, sagte mir ein polnischer Freund, »vielleicht versteht Ihr das nicht, weil Ihr vom Fernsehen nur die verlogenen Brüderschaftsküsse der kommunistischen Führer kennt.«

Bogumil Lewandowski fährt in der Schilderung des Heiligen Abends fort, wie er in Polen und in der päpstlichen Wohnung zu Rom begangen wird: »Es wird dann vor der Krippe und dem Weihnachtsbaum ein Gebet gesprochen, und es beginnt das Abendessen. Während des Mahls werden religiöse Lieder gesungen, und zum Schluß verteilt das Familienoberhaupt Geschenke, ehe alle miteinander in die Mitternachtsmesse gehen.«

Johannes Paul II. zelebriert im Petersdom das Meßopfer. Es wird über Fernsehen in die ganze Welt übertragen. Dies ist der Höhepunkt und der Abschluß einer langen Heiligabendfeier, die um 20 Uhr in der päpstlichen Wohnung begonnen hat.

Die polnischen Schwestern und Sekretäre haben dem Heiligen Vater, der einst von Krakau aufbrach zur langen Reise nach Rom, ein Stück Heimat geschenkt – und er ihnen. In ihren Traditionen und ihrem Glauben sind sie an diesem Abend, in dieser Nacht auf ganz besondere Weise vereint: schlichte Christenmenschen im kindlichen Staunen vor dem Geschehen von Bethlehem.

Innerhalb Italiens unternimmt der Bischof von Rom ungezählte kleinere Reisen. Es bereitet ihm großes Vergnügen, sich mit den temperamentvollen Menschen des Mittelmeers in ihrer Muttersprache zu unterhalten. Besonders im Anfang seines Pontifikats wird ihm das mit Begeisterung gedankt. Und der Funke springt über. Da kommt es durchaus vor, daß der Papst rasch einmal eine Gitarre zur Hand nimmt. In einem musikverliebten Land werden solche Gesten mit viel Beifall belohnt – wie hier in Turin im April 1980

Die polnischen »Schutzengel des Papstes« heißen Germana, Matylda, Fernanda, Eufrosyna und Oberin Tobiana. Die Frauen der kleinen vatikanischen Kommunität betreuen die private Korrespondenz Johannes Pauls II., führen die Küche seines Haushalts und organisieren und kontrollieren alle Lieferungen. Sie pflegen seine Garderobe, kümmern sich um Gäste und bereiten kleine Feste vor. Kurzum: Der Papst findet bei ihnen und seinen persönlichen Sekretären die häusliche Geborgenheit, wie sie auch in ganz normalen Pfarrhaushalten herrscht. Ein Kenner sagt: »Es ist wie in einer Familie. Jeder kümmert sich um alles. Es muß gekocht, gebacken, Staub gewischt, serviert und abgewaschen werden. Das Schlafzimmer des Papstes, sein Bad, die Wäsche, die Kleidung – alles muß täglich in Ordnung gehalten werden«

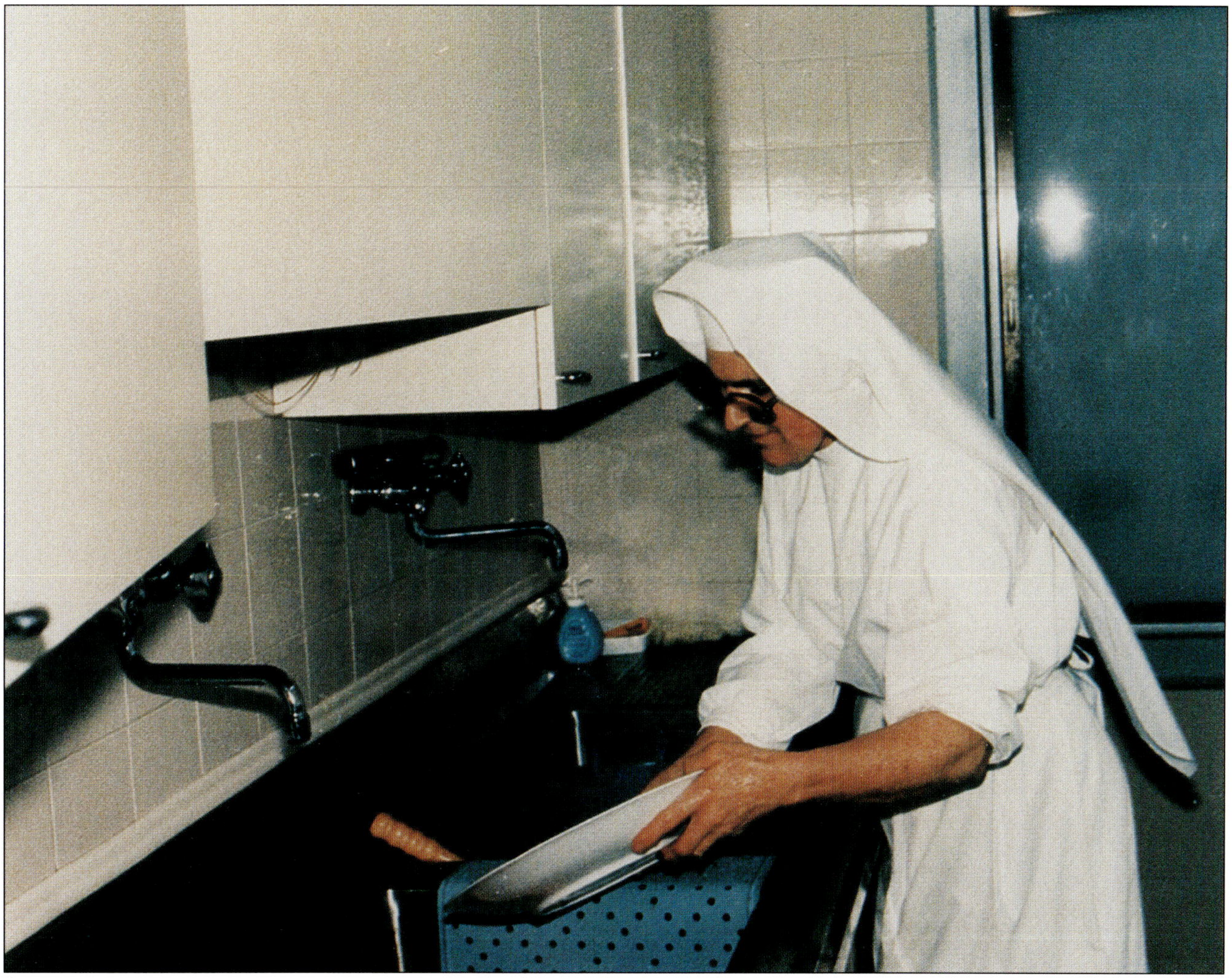

»Die Schwestern«, so heißt es, »leben wie Einsiedler. Niemand kennt sie, kaum jemand sieht sie, aber im Vatikan sind sie berühmt.
Sie arbeiten und beten und erfüllen still ihre Aufgaben.
Diese polnischen Ordensfrauen sind absolut vertrauenswürdig und wissen alles über den Papst. Sie sehen, wenn er glücklich ist, und spüren, wenn ihn etwas bedrückt. Sie kennen sein Leid und seine Trauer, seinen Ärger und seine Enttäuschungen – seit mehr als eineinhalb Jahrzehnten schon.«
Was ganz persönliche Dinge Johannes Pauls II. betrifft, seine Vorlieben und Abneigungen, die Lieblingsspeisen, die sicherlich auch ein Papst hat, die Launen, von denen sogar ein Mensch wie er nicht frei sein dürfte, so wissen sie sicherlich mehr als mancher wichtige, hochgestellte Kardinal

Karol Wojtyla war noch nicht Priester; er arbeitete zur leidvollen deutschen Besatzungszeit in einer Fabrik, als er auch das letzte Mitglied seiner Familie verlor – Karol senior, den Vater. Mutter Emilia war schon in seiner Kindheit gestorben, der Bruder ebenfalls. »Vielleicht deshalb«, sagt einer seiner engen Mitarbeiter, verehrt er die Familie. Er weiß, wie bitter es ist, allein dazustehen, erst als Halbwaise, dann als Vollwaise.« So zeigt er sich stets dankbar für die Geborgenheit, die ihm seine polnischen Schwestern in der päpstlichen Wohnung geben. »Aus dieser behüteten Privatsphäre«, heißt es weiter, »schöpft er einen großen Teil der Kraft, die ein Mensch in seinem hohen Amt aufbringen muß«

Mutter Teresa, die weltweit anerkannte Missionarin der Nächstenliebe (oben rechts), erfreut sich von Anbeginn seines Pontifikats der höchsten Wertschätzung des Papstes. Im Jahr nach seiner Wahl, 1979, wird sie mit dem Friedensnobelpreis ausgezeichnet. Die Arbeit des Ordens, den der »Engel der Armen« 1950 in Kalkutta gegründet hat und der längst weit über seine indischen Ursprünge hinaus tätig ist, wird von Johannes Paul II. immer wieder demonstrativ gewürdigt. Die Schwestern der Mutter Teresa, dies betont er stets, erfüllen in vorbildlicher Weise das christliche Gebot der Nächstenliebe und des selbstlosen Dienstes an den Ärmsten der Armen. Den dienenden Menschen seiner Kirche, insbesondere aus Ländern der Dritten und Vierten Welt (Bild unten), spricht er immer wieder Mut für ihre schweren Aufgaben zu

Der Werktag des Papstes beginnt, die internationale Presse liegt zur Lektüre bereit. Johannes Paul II., das stellen seine internationalen Gesprächspartner fest, ist stets verblüffend gut informiert über die Vorgänge in der Welt – bis hin zu wichtigen kulturellen Ereignissen. Hier kommt dem Polen seine ungewöhnliche Sprachbegabung zugute. Unter den Deutschen, die nach einem als »Blitzfeldzug« bejubelten Überfall sein geliebtes Krakau zur Hauptstadt des kolonieähnlichen Generalgouvernements machten, hat er Deutsch gelernt, später – beim Studium in Rom – perfekt Italienisch, dann – unter den Sowjets – Russisch. Als er Papst wird, liest er die wichtigen Zeitungen der Welt in der jeweiligen Landessprache

Aktenstudium, Korrespondenz, Redeentwürfe, Studien für päpstliche Verlautbarungen, Anweisungen an die Mitarbeiter, diplomatisch-politische Noten, Bittgesuche an die Großen der Welt – Johannes Paul II. ist keineswegs nur der Reise- und Medienpapst, wie ihn Millionen und Milliarden Fernsehzuschauer kennen. Dieser verblüffend vielseitige Mann ist auch ein harter Schreibtischarbeiter, der mit großer Detailkenntnis und unbestechlicher Akribie Kirche und Kirchenstaat leitet. Was ihn aber von vielen hochgestellten Politikern und weltweit operierenden Managern unterscheidet, sind sein unprätentiöser Arbeitsstil und seine persönliche Bescheidenheit. Sein Schreibtisch könnte im Arbeitszimmer eines Dorfpfarrers stehen, die Lampe preisgünstig in einem Kaufhaus erstanden sein

Vom einsamen Aktenstudium und der abgeschiedenen Schreibtischarbeit im Vatikan hinaus in die Welt: Johannes Paul II. führt ein Leben, das selbst einem gesunden jungen Menschen äußerste Kraft und Konzentration abverlangen würde. Der Papst – auch und gerade das macht ihn zu einem überraschend modernen Mann seiner Zeit – nutzt alle technischen Möglichkeiten, die das ausgehende 20. Jahrhundert seiner Amtsführung bietet. Der Hubschrauber gehört selbstverständlich immer dazu

Vom Düsenjet oder dem Hubschrauber, vom Lärm hochentwickelter Verkehrstechnik zurück in die lautlose und unspektakuläre Welt der Pflichterfüllung des »ora et labora« im Vatikan. Der Papst ist – bei aller Fröhlichkeit, die er in der Öffentlichkeit stets aufs neue ausstrahlt – ein Priester von höchster Selbstdisziplin. Wie kaum ein anderer, so heißt es, pflegt er das tägliche Gebet. Die Hauskapelle ist ihm ein Hort der Versenkung, das einsame Gebet ein Quell der Kraft und stetiger spiritueller Erneuerung

Entspannung im Gebirge

Am Allerheiligentag 1946 – er ist 26 Jahre alt – wird Karol Wojtyla in Krakau zum Priester geweiht. Doch er geht nicht, wie die meisten seiner jungen Konfratres, in die Gemeindeseelsorge der Erzdiözese an der Weichsel. Seine Oberen haben anderes mit ihm vor. Im Herbst trifft er in Rom ein, um dort, an der päpstlichen Universität, seine Studien fortzusetzen. Innerhalb kürzester Zeit spricht der ohnehin sprachgewandte Pole vorzüglich Italienisch. Und trotz aller Armseligkeit, in der Rom und Italien in jener Nachkriegszeit leben, sucht er Möglichkeiten, die atemberaubend schönen Berglandschaften im Norden des Landes kennenzulernen. Seither liebt er die italienischen Gebirge und kehrt, längst ist er zum Papst gewählt worden, immer wieder dorthin zurück. Hier findet der vielfältig gebildete Freund der Literatur, der selbst als Autor hervorgetreten ist, die Muße zum Lesen, zum Meditieren, zur Entspannung in der klaren Höhenluft

Sommerski im Ortlermassiv

Das hatte die Welt noch nicht gesehen: einen Papst auf jenen »Brettln«, die in den winterlichen Alpen die Welt bedeuten! Im Juli 1984 trifft Johannes Paul II. im italienischen Ortlergebiet ein, einem vergletscherten Gebirgsmassiv der Zentralalpen. Mitten im Sommer schnallt er auf dem 3.550 Meter hohen Adamello die Ski an. Augenzeugen berichten, der Papst habe einen überaus frischen Eindruck gemacht. Es scheint, als hätte das Attentat vom 13. Mai 1981 nie stattgefunden … Die Skilehrer, die den populärsten Gast ihrer Laufbahn betreuen, sind verblüfft vom fast jungenhaften Sportsgeist ihres Schützlings und von seiner robusten Gesundheit. Monsignore Stanislaw Dziwisz, der Mann rechts mit der weißen Kappe, kennt als Sekretär des Papstes dessen Begeisterung für waghalsige Bergtouren. Offenkundig teilte er diese Begeisterung nur bedingt. Jedenfalls, so heißt es, habe er sich auch an diesem Tag erhebliche Sorgen gemacht …

Und immer wieder das Hochgebirge. Im September 1986 besucht der Papst das Aostatal und unternimmt am Mont Chetif im Montblanc-Massiv, an der Grenze zwischen Frankreich und Italien, eine aufsehenerregende Bergwanderung. Er ist jetzt 66 Jahre alt und steht in einem Lebensabschnitt, in dem andere längst den Lehnstuhl bevorzugen, zumindest aber, als Inhaber hoher Ämter, erheblich kürzer treten. Wieder einmal staunt die Welt über solche Bilder. Doch zum Staunen wird sie auch künftig noch oft Gelegenheit haben

Stumm in der Stille der verschneiten Berge – bei allem sportlichen Tatendrang, der den alternden Papst auszeichnet, nimmt er sich doch immer wieder die Zeit zur Versenkung in das Gebet, die Meditation und das Staunen vor den grandiosen Schönheiten der Alpenwelt. Nach solchen Exkursionen in extreme Höhen heben die Begleiter stets hervor, Johannes Paul II. besitze ein seltenes Talent, innerhalb kürzester Zeit völlig abschalten zu können, um mit sich und seinen Gedanken und Gebeten allein zu sein. Das Bild entstand ebenfalls im Montblanc-Massiv

Der hilfreiche Rosenkranz

Der Engländer Paul Johnson, einer der Autoren dieses Buches, sagt auf den nächsten Seiten über Johannes Paul II.: »Er ist ein intellektueller Papst und ein streitbarer Papst. Aber er ist auch, und zwar in zunehmendem Maße, ein betender Mann. Er hält sehr viel vom Rosenkranz. In der letzten Zeit scheint er ihn dauernd zu beten, und wenn auch nicht laut, so bewegen sich seine Lippen doch ununterbrochen in leisem, sich wiederholendem Gebet.« Der Rosenkranz, heute oft als altmodisch, überholt und frömmlerisch-verstaubt abgetan, ist für die, die ihn noch zu schätzen wissen, eine gern genutzte Hilfe zur Konzentration auf das Zwiegespräch mit Gott und der Gottesmutter, auf die Bitte um Glauben, Hoffnung und Liebe, auf die Versenkung in die »Geheimnisse« des Heilsgeschehens im Leben Jesu oder Mariens. Als der Papst auf seiner Kanada-Reise im Jahre 1984 einen Ruhetag einlegt, ist der Rosenkranz wieder sein Begleiter

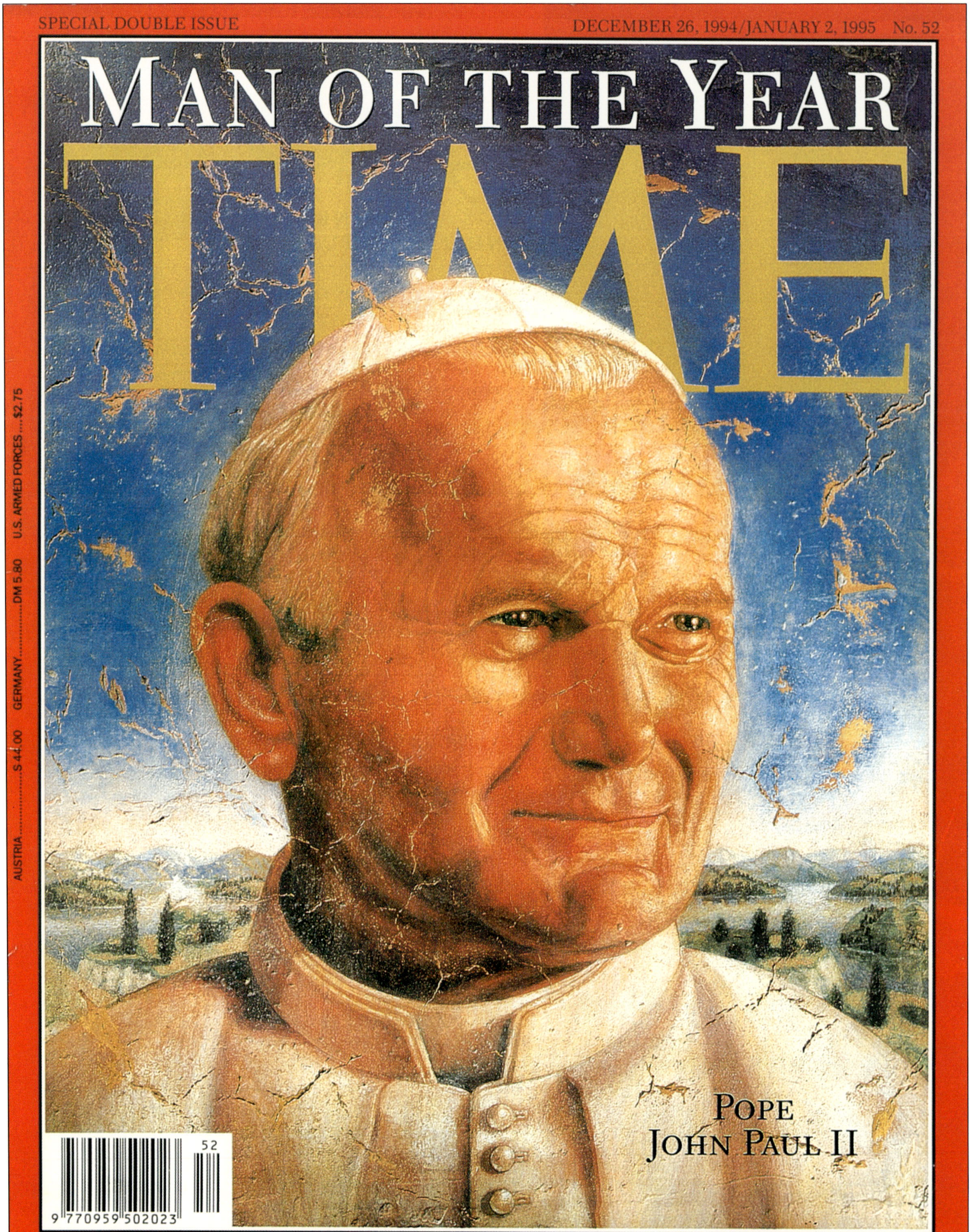

»MAN OF THE YEAR«, Mann des Jahres, so lautete die Schlagzeile auf der Frontseite des amerikanischen Magazins TIME zur Jahreswende 1995/95. Die Macher des Blattes hatten Johannes Paul II. zur freskenartig gemalten Titelfigur erwählt

Paul Johnson

Papst für das Heim, Papst für den Streit

Als das weltweit gelesene US-Magazin TIME Johannes Paul II. an der Jahreswende 1994/95 zum »Mann des Jahres« wählte, bat es den angesehenen englischen Historiker und Publizisten Paul Johnson um einen Essay, der Karol Wojtyla mit Papst Johannes XXIII. vergleichen sollte. Der Text ist hier ungekürzt und ohne Kommentar wiedergegeben.

Die moderne römisch-katholische Kirche ist durch zwei Männer geprägt worden: durch Angelo Roncalli, Papst Johannes XXIII., und durch Karol Wojtyla, Papst Johannes Paul II. Die enormen Veränderungen, die in den vergangenen 36 Jahren über den Katholizismus hinweggefegt sind, können nicht ohne Verständnis der Charaktere, der Glaubensüberzeugungen und der Arbeit dieser beiden Männer begriffen werden – beide große Päpste, aber sehr verschiedene Päpste. Johannes XXIII., TIME'S Mann des Jahres 1962, war fast 77, als er den Thron von St. Peter bestieg, und seine Amtszeit dauerte weniger als fünf Jahre, von 1958 bis 1963. Johannes Paul II. war nach päpstlichen Maßstäben ein verhältnismäßig junger Mann, als er 1978 gewählt wurde – er war erst 58 Jahre und so der jüngste Papst seit 132 Jahren. Er hat schon anderthalb Jahrzehnte regiert und macht trotz seiner kürzlich aufgetretenen körperlichen Beschwerden Pläne über das Jahr 2000 hinaus.

Die Chancen, welche diese beiden Männer hatten, um die Kirche neu zu gestalten, wurden also durch ganz verschiedene Zeitspannen bedingt. Dennoch sind ihre Hauptleistungen gleichermaßen bedeutsam – Johannes' Leistung bei der Einführung der katholischen Reformation und Johannes Pauls Leistung hinsichtlich ihrer Beendigung. Es ist auch wesentlich, sich klar zu machen, daß beide Männer trotz gewaltiger Unterschiede in Charakter und Temperament viel gemeinsam haben.

Roncalli wurde an der ersten Bergkette östlich des Comer Sees geboren und sah die großartige Renaissancestadt Bergamo als seine Hauptstadt an, nicht Rom. Sein ganzes Leben lang verstand er sich selbst als Bergamasken. Donizetti war sein Lieblingskomponist, er beauftragte einen anderen Bergamasken, Giacomo Manzú, damit, eine der großen Bronzetüren von St. Peter zu entwerfen, und als Papst liebte er es, sich mit Geistlichen aus Bergamo zu umgeben.

Wojtyla kommt auch aus dem Gebirge, nämlich aus dem Vorgebirge der Karpaten in der Nähe von Krakau. Diese prächtige, von Mittelalter und Renaissance geprägte Stadt mit ihrer altehrwürdigen Jagiellonen-Universität – an der Wojtyla studierte – war der Mittelpunkt seiner jugendlichen Welt. Warschau, die moderne Großstadt Polens, bedeutete ihm wenig, und der Gipfel seiner geistlichen Laufbahn war erreicht, als er Kardinalerzbischof von Krakau wurde. Als Papst ist er Pole, wie Roncalli Italiener war. Aber beide Männer haben als ihrer engeren Heimat zutiefst verbundene Menschen den modernen Nationalismus abgelehnt und neigten vielmehr dazu, Europa als Verschmelzung historischer Regionen zu sehen: als einen Mikrokosmos einer Welt von Völkern und nicht von Nationen. Ein Regionalist findet es viel leichter, echten Internationalismus in sich zu entwickeln, als ein Nationalist. Und dies ist ein Grund, weshalb beide Männer sich als Oberhaupt einer globalen Organisation wohlfühlten, die – urbi et orbi – sich an die Stadt Rom und an die ganze Welt wendet.

Beide Männer waren bzw. sind wohl vom Temperament her religiöse Traditionalisten. Es entspricht der Wahrheit, daß Papst Johannes unter der direkten Führung des Heiligen Geistes (dies ist für mich die einzige Möglichkeit, vernünftig zu erklären, warum er das Zweite Vatikanische Konzil einberief) imstande war, aufsehenerregende und kreative Beschlüsse zu fassen. Aber sein familiärer Hintergrund, sein beruflicher Werdegang und seine Karriere waren alles andere als abenteuerlich. Er war durch und durch geprägt vom Katholizismus alten Stils. Wie den berühmten Reformer W. E. Gladstone aus dem 19. Jahrhundert machte ihn dies zu einem »Konservativen in allem, außer in grundlegenden Fragen«. Sein geistliches Tagebuch spiegelt eine fast kindliche Einfachheit in seinen Gebeten wider. Der Rosenkranz fehlte fast nie in seinen Händen.

Johannes Paul II. hält ebenfalls sehr viel vom Rosenkranz. In der letzten Zeit scheint er ihn dauernd zu beten, und wenn auch nicht laut, so bewegen sich seine Lippen doch ununterbrochen in leisem, sich wiederholendem Gebet. Wie Papst Johannes, vielleicht sogar noch mehr, liebt er Heiligenbilder, Reliquien, Schreine, Pilgerfahrten, Heilige und Märtyrer. Wunder erfüllen ihn mit Freude, besonders die Möglichkeit eines neuen. Er verehrt Glanz und Pracht – einige würden sogar sagen den billigen Tand – des traditionellen Katholizismus. Sowohl Johannes wie Johannes Paul II. hatten sich in der vorreformatorischen Welt des mittelalterlichen Christentums zu Hause gefühlt.

Zwischen den beiden Männern gibt es freilich auch Unterschiede, welche zum Teil die Zeit widerspiegeln, in der sie heranreiften. In dem Jahr, als Johannes geboren wurde, war Chester Arthur Präsident der Vereinigten Staaten, Disraeli war soeben gestorben und Picasso gerade geboren. In vielfältiger Hinsicht gehört Johannes ins Viktorianische Zeitalter, und die Kirche, in welcher er bis zum Kardinal-Patriarchen von Venedig aufstieg, hatte sich seit dem 16. Jahrhundert nicht viel verändert. Johannes paßte hervorragend in diese altmodische Kirche, aber trotzdem gab es in ihr Aspekte, die er erdrückend und frustrierend fand.

Durch seine Karriere nahmen seine Frustrationen zu. Er war überhaupt kein Intellektueller. Er hatte keine der natürlichen Begabungen eines Verwaltungsbeamten oder Kirchenpolitikers. Von Natur aus war er ein Hirte – das heißt, er liebte es, sich um Seelen zu kümmern. Menschen bedeuteten ihm alles. Seine größte Freude – und Versuchung, wie er freimütig zugab -, war es, in der Küche eines von Menschen wimmelnden, pulsierenden italienischen Haushaltes zu sitzen und mit den Frauen bei ihrer Arbeit zu plaudern, den Kindern Geschichten zu erzählen und mit den Männern Witze zu reißen. Aber es kam ganz anders: Seine Vorgesetzten veranlaßten, daß er den größten Teil seines Lebens als Diplomat verbrachte, eine Laufbahn, die ihren Höhepunkt in dem grandiosen Posten des Päpstlichen Nuntius in Paris fand.

Wie sich jedoch herausstellte, machte Johannes aus sich einen gewissenhaften und tüchtigen Diplomaten. Aber er liebte diese Arbeit nie besonders, sie flößte ihm vielmehr einen großen Widerwillen gegen die römische Kurie ein, wie sie unter dem lange Jahre regierenden Pius XII. (1939-1958) im Vatikan existierte. Er fand sie gekünstelt, unpersönlich und undemokratisch. In die Leitung der Kirche wollte er Tausende von Bischöfen, Hunderte von Tausenden von Priestern und ungezählte Millionen einfacher Katholiken in der ganzen Welt einbinden. Deshalb berief er 1959, nur ein Jahr nach dem Beginn seines Pontifikates, das Zweite Vatikanische Konzil ein. Er verglich dessen Grundidee mit dem weiten Öffnen von Fenstern, dem Lüften, der frischen Brise, der eine muffige Institution ausgesetzt werden sollte.

Johannes scheint das Konzil, das 1962 begann, beschlossen zu haben, ohne eine klare Vorstellung davon zu besitzen, was es bewirken würde. Seine ständige Redeweise war: »Der Heilige Geist wird schon sorgen«. Das Konzil, das ihn überlebte, erwies sich als typische Erscheinung der 60er Jahre, indem es eine der traditionellsten Institutionen auf Erden ins Schleudern brachte mit seinen modischen Neuerungen und seinem Wechsel um des Wechsels willen. Aber solange er lebte, war das Eingreifen von Johannes in die Arbeit des Konzils wohlbegründet und wirkungsvoll.

Die wirklichen Schwierigkeiten begannen, als Giovanni Battista Montini, Erzbischof von Mailand, Papst Paul VI. wurde. Theoretisch war Paul besser als jeder andere Papst des 20. Jahrhunderts für das Amt quali-

Johannes XXIII. ist als der »menschenfreundliche Papst« in die Geschichte der Kirche eingegangen. Trotz seiner persönlichen Bescheidenheit und Schlichtheit, trotz seiner Treue zur Tradition fand er die Kraft, im Jahre 1959 – nur ein Jahr nach dem Beginn seines Pontifikats – mit dem Zweiten Vatikanischen Konzil eine erdrutschartige Reform der römisch-katholischen Kirche einzuleiten. In seiner bildhaft-griffigen Sprache verglich er diese historische Tat mit dem weiten Öffnen von Fenstern, um eine erstarrte Institution einer frischen Brise auszusetzen

Zu seinen Vorgängern pflegte der spätere Papst aus Polen guten Kontakt. Er sprach perfekt Italienisch, was fraglos die Verständigung erleichterte. Giovanni Battista Montini, 1963 bis 1978 als Papst Paul VI. im Amt, war das erste Oberhaupt der Kirche in diesem Jahrhundert, das weltweite Reisen unternahm

Albino Luciano war Patriarch von Venedig, ehe er im August 1978 zum Papst gewählt wurde. Er war ein Mann der Bescheidenheit; die Italiener liebten ihn wegen seines gütigen Lächelns. Ihm blieben nur 33 Tage, den traditionellen Pomp im Vatikan abzubauen. Er starb am 28. September des Jahres 1978, dem »Jahr der drei Päpste«

fiziert, sowohl durch seine Ausbildung wie auch aufgrund seiner Erfahrung. Praktisch erwies er sich jedoch als nervös, zögerlich und unentschieden. Er konnte sich nicht zu Entschlüssen durchringen. Johannes hatte dies vorausgesehen, er hatte ein kennzeichnendes Wort für seinen Nachfolger: »Amleto« (Shakespeares Hamlet). Unter diesem unschlüssigen und glücklosen Papst entgleiste die postkonziliare Kirche. In der ganzen Welt, besonders aber in Nord- und Südamerika und Europa, geriet die Disziplin ins Wanken oder brach sogar zusammen. Tausende von Priestern gaben ihr Amt auf und heirateten. Nonnen wurden Feministinnen. Häresieverdächtige Lehren wie die Befreiungstheologie kamen in Mode. Einige Hierarchien wie z. B. die holländische lösten sich praktisch von Rom. Der Vatikan fing an, Ehen zu Tausenden zu annullieren, was auf eine Sanktion der Ehescheidung hinauslief. Seine Finanzen waren außer Kontrolle geraten. Zu der Zeit, als Paul 1978 starb, befand sich die Kirche in ihrer schlimmsten Krise seit der protestantischen Reformation.

Johannes Paul II. hat das Vermächtnis von Johannes XXIII. niemals zurückgewiesen. Im Gegenteil, kein ranghoher Prälat hat sich mehr Mühe damit gemacht, die Entscheidungen des Zweiten Vatikanums in die Tat umzusetzen, als Wojtyla. Was noch hinzukommt, er hatte sehr eng mit Paul VI., dessen Andenken er überaus loyal verbunden blieb, zusammengearbeitet, indem er durchzusetzen versuchte, was das Konzil tatsächlich beschlossen hatte – im Gegensatz zu dem, was die Ultraliberalen behaupteten, daß es beschlossen habe. Aber da er aus einer Kirche kam, die bemerkenswert erfolgreich war, Glaubensgemeinschaften zu erhalten, Geistliche zu rekrutieren, Kirchen zu bauen und Disziplin zur Geltung zu bringen, war er entsetzt über das, was in der Kirche geschah, besonders in Westeuropa und in Nord- und Südamerika.

Was Johannes Paul sich anschickte zu tun, kam einer Reformation der Kirche im Rahmen der Beschlüsse des Konzils von Trient im 16. Jahrhundert gleich, dieses Mal aber durchgesetzt aufgrund der Willenskraft einer einzigen Persönlichkeit. Im Unterschied zu Johannes XXIII., der in Priesterseminaren und Nuntiaturen ein behütetes Leben geführt hatte, war Johannes Paul ein Mann der Welt, der unter Nazismus und Kommunismus gelitten hatte. Er war Philosoph, Dichter und Dramatiker, aber auch ein sehr erfahrener Geldbeschaffer und Verwaltungsbeamter. Seine Erfahrung als Seelsorger war ausschlaggebend. In Polen hatte er das erfolgreichste Eheinstitut in der Christenheit gegründet und geführt, ein Institut, das errichtet wurde, sich mit Problemen ehelicher Zwietracht, mit Familienplanung, unehelicher Geburt und Geschlechtskrankheiten, mit Alkoholismus, Gewalt gegenüber Ehefrauen und Kindesmißhandlung zu beschäftigen.

Und wiederum im Unterschied zu Johannes wartete Johannes Paul nicht auf die Inspiration des Heiligen Geistes: er handelte selbst, schnell und zielstrebig. Dies bedeutete manchmal, eine ganze Versammlung von Kirchenfürsten eines Landes einzuberufen und zu maßregeln, wie im Falle der holländischen Bischöfe. Häufiger bedeutete es jedoch, schwierige und ungehorsame Bischöfe nach Rom einzuladen, um sie ruhig, aber bestimmt zu ermahnen – »eine furchteinflößende Erfahrung«, wie es einer von ihnen mir gegenüber formulierte, »eine Vorahnung von dem, was es bedeutet, von Petrus beim Jüngsten Gericht mit Trompetenschall empfangen zu werden.« Johannes Paul hat sich auch mehr Mühe gemacht als alle unmittelbaren Vorgänger, um sicherzustellen, daß alle neu ernannten Bischöfe loyal, orthodox und verläßlich sind. Im Laufe der letzten sechzehn Jahre ist praktisch der gesamte Episkopat auf der Linie des Traditionalismus erneuert worden.

Johannes Paul II. stammt, ähnlich wie Johannes XXIII., aus einer ländlichen Bergregion, die ihn tief geprägt hat. Die Verbundenheit mit ihrer Herkunft öffnete beiden Päpsten den Blick für ein Europa, das sich aus historisch gewachsenen Regionen unter der verbindenden Kraft des Christentums zusammenfügt. Auch auf Weltebene unterstreicht Johannes Paul II. mit seiner Forderung nach »Inkulturation« des christlichen Glaubens die völkerverbindende Bedeutung der Kirche

Im Lichte der Ewigkeit betrachtet, ist die Arbeit von Johannes XXIII. und Johannes Paul II. von vergleichbarer Wichtigkeit. Beide Männer werden von der Geschichte als große Päpste betrachtet werden. Johannes hat ein menschlicheres Gesicht, in manchem ein attraktiveres: ein Papst für Haus und Heim und frohe Kirchenfeste. Johannes Paul ist ein Papst für öffentliche Auftritte, für riesengroße Versammlungen und das offene Schlachtfeld, wo die Kräfte des Christentums um das Überleben in einer oft feindlichen Welt kämpfen. Er ist ein intellektueller Papst und ein streitbarer Papst. Aber er ist auch, und zwar in zunehmendem Maße, ein betender Papst, ein Mann, der fast immer auf den Knien liegt. Er fängt sogar an, Papst Johannes körperlich zu gleichen: ein alter, zunehmend gebrechlicher Herr, der immer noch in außerordentlich beeindruckender Weise sein Bestes gibt, um für eine leidende Menschheit zu beten, sie zu führen und vor den Folgen ihrer Schwächen und Torheiten zu bewahren.

Johannes ist ein Papst für Haus und Heim, Johannes Paul für den öffentlichen Auftritt und die streitbare Auseinandersetzung.

Vor allem die jüdische Welt blickt im September 1993 gespannt nach Castel Gandolfo. Der Papst empfängt in seiner Sommerresidenz den aschkenasischen Oberrabbiner Meir Lau zu einem Gespräch unter vier Augen. Die Einladung an den Mann aus Israel wird als ehrlicher Versuch eines Brückenschlags gewürdigt

Michael Wolffsohn

Papst und Judentum: Über den Abgrund

Auch im schwierigen Verhältnis zwischen Juden und Katholiken hat Johannes Paul II. neue Akzente gesetzt. Er stellte den Brückenbau zu den »Brüdern im Glauben« sogar über seinen Kampf gegen den Kommunismus.

Auch in der »Judenfrage« war Johannes Paul II. besser als sein Ruf. Schon bei der ersten Polenreise nach seiner Wahl ging der Papst nach Auschwitz. Dort gedachte er ausdrücklich der Millionen jüdischer Holocaust-Opfer. Das waren im damals noch kommunistischen Polen ganz neue Töne. Dort galt noch die amtliche Lesart: Die meisten Holocaust-Opfer seien »Polen« gewesen.

Auch Umfragen nach dem Sturz des Kommunismus beweisen: Der Antisemitismus ist bis heute in Polen ausgeprägter als in den meisten anderen Staaten Europas. Das wußte der polnische Papst, der durch seine damalige Reise die Kirche stärken und die Kommunisten schwächen wollte.

Mit seiner judenfreundlichen Geste gefährdete Johannes Paul II. also wissentlich seine antikommunistische Politik. Diese war ihm bekanntlich sehr wichtig, jene schien ihm offenbar noch wichtiger. Der Papst stellte also die kirchen- und weltgeschichtliche Entspannung zwischen Katholiken und Juden noch über den Kampf gegen den gotteslästerlichen Kommunismus in Osteuropa. Jedem Papst hätte man dies hoch anrechnen müssen. Diesem noch mehr, denn er selbst war als katholischer Pole (politisch) ein osteuropäischer Antikommunist. 1989/90 entbrannte eine entsetzliche katholisch-jüdische Auseinandersetzung um das Karmeliterinnenkloster in Auschwitz. Dabei verstieg sich der polnische Primas, Kardinal Glemp, zu skandalös antisemitischen Äußerungen. Hinter den Kulissen vermittelte ebenso diskret wie energisch der polnische Papst (gemeinsam mit einem aus Polen stammenden Juden). Die Schadensbegrenzung gelang. Das Kloster wurde verlegt.

1986 kam Johannes Paul II. als erster Papst in eine römische Synagoge. Die geistige Bedeutung dieses Besuches ist wesentlich höher einzuschätzen als die im Dezember 1993 erfolgte Anerkennung des jüdischen Staates Israel durch den Vatikan. Der Gang in die römische Synagoge war das symbolische Ende katholisch-christlicher Machtentfaltung gegenüber dem Judentum als Religion. Partnerschaft statt Vorherrschaft und Unterdrückung – das wollte der Papst damit ausdrücken. Er ließ nicht »die Juden« zu sich in den Vatikan bitten. Er ging im wahrsten Sinne des Wortes auf sie zu, indem er zu ihnen ging. Damit rüttelte der vermeintlich radikalkonservative Papst an den seit zweitausend Jahren bestehenden Grundfesten des Katholizismus. Zum »Bilderstürmer« wandelte er sich nicht. Eine Variante des Canossa-Ganges war der Synagogen-Gang auch nicht. Ein kirchenpolitisches Erdbeben war er trotzdem.

Von der Früh- zur Spätphase seines Pontifikats kann mühelos ein »judenpolitischer« Bogen gespannt werden. Die Kommission des Vatikans für die religiösen Beziehungen mit den Juden veröffentlichte im Mai 1994 einen Zwischenbericht. Zu lesen war dort beispielsweise: »Die Kirche erkennt eine Beziehung zwischen der über lange Zeit vertretenen sogenannten Lehre der Verachtung gegenüber dem Judentum und dem brutalen Antisemitismus in der modernen westlichen Welt an.« Die Kirche empfinde »Scham und Reue und erkennt die Notwendigkeit der Umkehr an. Wir flehen Gott um Vergebung an.« Hier war erstmals von einer kirchlichen Mitverantwortung für den Holocaust die Rede. Ein anderes innerkirchliches Erdbeben.

Die politischen Vertreter der verschiedenen jüdischen Gemeinschaften haben diesen Schritt tatsächlich als Zeichen eines fundamentalen Wandels im Judenbild des Katholizismus gewürdigt. Diese politischen Vertreter sind jedoch weitgehend verweltlicht. Sie sprechen nicht für alle Juden, wenngleich sie deren Mehrheit repräsentieren. Rund siebzig Prozent der Juden in Israel und in der »Diaspora« sind nämlich »eher nichtreligiös.« Das wissen wir aus vielen Umfragen. Einer der bedeutendsten jüdisch-religiösen Denker der Gegenwart ist Rabbiner Adin Steinsaltz aus Jerusalem. Er würdigt die judenpolitischen, partnerschaftlichen Gesten des Papstes, erkennt und nennt jedoch die grundlegenden und bleibenden Gegensätze zwischen Christen und Juden. Sie werden bleiben, solange die Christen (im religiösen Sinne) Christen bleiben.

»Im Grunde geht es um die verweigerte Legitimität«, erklärte Steinsaltz *(»Der Spiegel«, Nr. 15/1994)*. Der »Familienkonflikt« zwischen Christen und Juden bestehe fort. Die Juden seien für die Christen »Häretiker« (Ketzer), Verbohrte oder Zurückgebliebene – weil sie nicht an Jesus als Christus (also als Erlöser) glaubten. Als Christen würden (und müßten) die Christen auch Juden missionieren. Steinsaltz: Als Jude verspüre er den Missions-Wunsch nicht; »es ist auch nicht meine Pflicht, ihn zu hegen. Für das Judentum gibt es keine Seelen zu retten ... Die endgültige Errettung der menschlichen Seele ist nicht an das Judentum gebunden. Der Christ dagegen muß versuchen, meine Seele vor dem Fegefeuer zu retten. Einen Dialog mit jemandem, der mich erobern will, kann es aber nicht geben.« Heiligenverehrung und der Glaube an die Dreifaltigkeit stellten zudem die Juden vor die Frage: »Sind die Christen Monotheisten« und damit (wie Johannes Paul II. in der römischen Synagoge betonte) »Brüder im Glauben« oder nicht? »Für uns ist es daher genau so schwierig, die Kirche als legitim anzuerkennen wie, umgekehrt.«

Vor allem deshalb haben 1994 Vertreter des orthodoxen Judentums die erste »Internationale Jüdisch-Christliche Konferenz« in Jerusalem boykottiert, zu der Johannes Paul II. Kurienkardinal Joseph Ratzinger entsandt hatte. Die orthodoxen Juden zeigten damit (jenseits aller persönlichen und versöhnlichen Gesten von Päpsten) die strukturellen Grenzen jedes christlich-jüdischen Gesprächs und jeder »christlich-jüdischen Zusammenarbeit« auf – sofern die Religion als Religion und die Kirche als Institution Kirche ernstgenommen wird. Diese Grenzen werden (aus gutgemeinten Gründen) nicht zuletzt von politisch korrekten »guten« Deutschen und verweltlichten Judenpolitikern übersehen. Sie stecken den Kopf in den Sand.

Steinsaltz ist alles andere als militant und wahrlich kein jüdischer »Antichrist«. Er ist ein illusionsloser Realist. Sein Fazit der Judenpolitik des Papstes aus Polen: Einerseits erleichtertes und dankbares Aufatmen darüber, daß man »in Rom« wohl »endgültig begriffen« habe, daß der Antisemitismus den »Grundprinzipien der Kirche« widerspreche. Jedoch: »Wenn der Papst heute den Antisemitismus bekämpft, ist das eine nette Geste, wie wenn er die Armut bekämpft. Auch sie hält er für ein Übel.«

Ich sehe es anders: Daß und wie dieser Papst den Antisemitismus bekämpfte, fand ich höchst eindrucksvoll. Sieht man vom Pontifikat Johannes XXIII. ab, war dies eine Art innerkirchlicher Revolution. Sie gefährdete zugleich die von Johannes Paul II. erhoffte antikommunistische Revolution in Osteuropa.

Der strukturelle christlich-jüdische Abgrund verhindert und vermindert den Brückenschlag des Papstes nicht. Er ist ein Brückenschlag der praktizierten Toleranz im Alltag, nicht im Grundsätzlichen. Er ist nicht das Paradies auf Erden, aber er ist geschichtlich gesehen viel mehr, als in der bisherigen christlich-jüdischen Geschichte erreicht wurde. Und dieser Brückenschlag wird auch von der jüdischen Orthodoxie gewürdigt, von Steinsaltz ebenso wie vom aschkenasischen Oberrabbiner Israels. Dieser traf mit dem Papst im September 1993 in Castel Gandolfo zu einem Vieraugen-Gespräch zusammen. Politisch überwog trotz einiger Irritationen die Entspannung, theologisch bleibt der Abgrund. Doch auch über diesen Abgrund gibt es neuerdings Brücken. Papst Johannes Paul II. hat einige mitgebaut.

Der Blick hinaus in eine Welt, die aus den Fugen zu geraten droht: Johannes Paul II. wird in Rom (linke Seite) und auf seinen Reisen immer wieder mit Armut und Unfrieden, tiefgreifenden gesellschaftlich-politischen Spannungen und religiösen wie ideologischen Kämpfen konfrontiert. Es gibt nicht viele Staatslenker und Kirchenführer, die sich vor Ort so gründlich informieren und ihren Einfluß für eine Wende zum Besseren geltend machen

Respekt vor allen Ländern und Völkern

Es ist weit mehr als ein spektakuläres Ritual, wenn der Papst immer wieder den Boden der Länder küßt, die er besucht. Als Pole, der seine rund 50 Jahre von Diktatoren beherrschte Heimat über alles lieben gelernt hat, will er mit seinen Gesten zeigen, daß er jedes Land und jedes Volk gleichermaßen liebt und in seinen charakteristischen Eigenheiten respektiert. Gleichzeitig will er auf diese Weise die Verbundenheit der Kirche mit den Gläubigen in aller Welt betonen und seine Bereitschaft zur Hilfe in vielerlei Nöten demonstrieren. Johannes Paul II. weiß um die Wirksamkeit solcher Gesten, und er verzichtet auch dann nicht auf sie, wenn sie im Westen immer wieder herb und hochnäsig kritisiert werden. Besonders in den Ländern des Ostens und der Dritten Welt wird er verstanden, wenn er sich so deutlich mit ihnen identifiziert

Die Deutsche Bibliothek – CIP-Einheitsaufnahme

Krewerth, Rainer A.
Johannes Paul II. – Wanderer zwischen den Welten / Rainer A. Krewerth. –
Augsburg: Pattloch, 1995
ISBN 3-629-00096-7
NE: HST

Die Aufnahmen dieses Bandes verdanken Herausgeber und Verlag u. a.
Studio X (Paris), dpa (Frankfurt), Weltbild (Augsburg), GAMMA (Paris),
KNA (Frankfurt), Famiglia Cristiana und Editione Paoline (Mailand),
L'Osservatore Romano (Rom), Privatarchiv Wojciech Mroszczak
(Bunzlau/Polen). Nähere Einzelheiten über den Verlag.

Gedruckt auf chlorfrei gebleichtem Papier.

Pattloch Verlag, Augsburg

Umschlagphoto: GAMMA, Paris
Einbandgestaltung: Georg Lehmacher, Kissing
Satz, Layout: Georg Lehmacher, Kissing
Reproduktion: Typosatz W. Namisla, München
Druck und Bindung: Offizin Andersen Nexö,
Graphischer Großbetrieb Leipzig
Printed in Germany

ISBN 3-629-00096-7